分 析 力 学

康厚军　彭　剑　编著

科 学 出 版 社
北　京

内 容 简 介

本书是作者在自编讲义的基础上，经过多年的教学实践，借鉴和吸收国内外分析力学书籍的优点编写而成的. 本书结合作者在非线性动力学相关的研究进展，适当地增加了一些新的内容，并给出了较为丰富的例题、数值仿真分析和思考题.

全书共五章，内容包括分析力学的基本概念、分析力学的变分原理、分析力学的运动微分方程、正则变换和哈密顿-雅可比方程、变分原理和拉格朗日方程的应用.

本书可作为高等院校理工科力学、工程科学及相关专业本科生教材，也可供研究生、教师、科研人员和工程技术人员参考.

图书在版编目（CIP）数据

分析力学 / 康厚军，彭剑编著. -- 北京 ：科学出版社，2024. 6.

ISBN 978-7-03-078917-4

Ⅰ. O316

中国国家版本馆 CIP 数据核字第 20243P25T0 号

责任编辑：龙嫚嫚　赵　颖 / 责任校对：杨聪敏

责任印制：赵　博 / 封面设计：无极书装

科学出版社 出版

北京东黄城根北街 16 号

邮政编码：100717

http://www.sciencep.com

三河市骏杰印刷有限公司印刷

科学出版社发行　各地新华书店经销

*

2024 年 6 月第　一　版　开本：720×1000　1/16

2025 年 7 月第二次印刷　印张：9 1/4

字数：186 000

定价：39.00 元

（如有印装质量问题，我社负责调换）

前　　言

分析力学是一门内容非常丰富、理论比较系统的学科. 它是对经典力学的高度数学化的表达，也是后续课程(振动力学、电动力学、量子力学、统计力学、量子场论、狭义与广义相对论等)的重要基础，被广泛应用于工程系统动力学研究. 本书介绍了分析力学中的一些基本内容. 在第 1 章中介绍了分析力学的基本概念；在第 2 章中论述了分析力学的变分原理；在第 3 章中讨论了分析力学的运动微分方程及其首次积分；在第 4 章中简单介绍了正则变换理论与哈密顿-雅可比(Hamilton-Jacobi)方程；在第 5 章中介绍了分析力学方法在一维连续体动力学中的应用. 分析力学的一些专门内容，请读者参照其他专著. 读者在使用本书之前，应有理论力学和弹性力学的基础. 本书的内容可在 40 学时内完成.

分析力学的内容逻辑性很强，我们希望读者在学习过程中，不仅要注意基本内容的数学演绎，更要注意各个原理、结论的内涵，注意前后内容的连贯统一.

在本书编著过程中，赵跃宇教授从大纲拟订、撰写到完稿提出了诸多有益的建议；郭铁丁教授、丛云跃博士参加了部分内容的辅助性编写工作；在完稿之际，郭永新教授进行了认真审阅；部分研究生承担了插图的绘制工作. 本书得到了“广西大学 2022 年优质教材倍增计划项目”和“湖南科技大学 2023 年度规划教材”建设项目的支持，在此一并表示衷心的感谢. 感谢科学出版社为提高出版质量付出的努力.

由于作者水平所限，难免会有欠妥之处，敬请读者批评指正.

作　者

2024 年 1 月

目　录

绪　论

一、分析力学的研究对象

“分析力学”一词，在力学著述中并无统一含义. 有的学者把分析力学和理论力学看作是等同的，有的学者认为以广义坐标叙述力学理论是分析力学的主要标志，还有学者认为：分析力学的特征既表现在叙述的体系内容，也表现在所探讨问题的范围方面. 无论怎样确定分析力学的含义，都不会影响分析力学在力学学科发展中所处的重要地位和所做出的重大贡献.

分析力学研究的对象是质点系. 质点系可以视为一切宏观物体组成的力学系统的理想模型. 例如刚体、弹性体、流体等以及它们的综合体都可看作是质点系. 又如太阳系可看作自由质点系，研究太阳系中行星和卫星的天体力学同分析力学密切相关，在方法上互相促进，即使现在也是如此. 分析力学对于具有约束的非自由质点系的分析求解更为优越，缺少了分析力学的知识，我们对于复杂的和困难的力学问题将无法处理.

任何物体的机械运动变化都是在力的作用下发生的，因此质点系力学的研究一般而言包括了力场和运动场两方面，最初分析力学就是研究质点系力学的一般规律. 对于连续介质的力学模型，力场与运动本质上发生联系(本构关系)，考虑到这种具体的现实，分析力学理论被推广，形成了连续介质分析力学.

分析力学的主要内容是：①以变分原理为基础阐述力学系统的普遍规律，变分原理又包括微分变分原理(如虚位移原理(virtual displacement principle)和达朗贝尔-拉格朗日原理(d’Alembert-Lagrangian principle))和积分变分原理(如哈密顿原理(Hamilton’s principle))；②导出各种力学系统的运动微分方程，如完整保守系统的拉格朗日方程(Lagrangian equation)、哈密顿正则方程、非完整系统的劳斯方程(Routh equation)、吉布斯-阿佩尔方程(Gibbs-Appell equation)等；③研究运动微分方程的性质及其积分方法，如正则变换理论、哈密顿-雅可比理论(Hamilton-Jacobi theory)、诺特定理(Noether theorem)等.

分析力学是动力学与控制学科的一个分支，内容非常丰富，理论比较成熟，它在早期原子物理学中曾有过辉煌的历史，对量子力学的形成与发展也做出过重要贡献. 分析力学是很多学科的生长点，如振动理论、稳定性理论、非线性力学、刚体与刚体系统动力学等.

二、分析力学的历史与现状

1687 年，牛顿(Newton)的《自然哲学的数学原理》的出版为经典力学奠定了基础，引起了力学、天文学、物理学等自然科学和哲学的革命性的变化. 牛顿的重大贡献是：①找到了制约自然界物质机械运动的相当普遍的规律；②发明了研究这种规律的数学方法——微积分.

1788 年，法国力学家、数学家拉格朗日(1736 年 1 月 25 日生于意大利都灵，1813 年 4 月 10 日卒于法国巴黎)出版了名著《分析力学》(*Mécanique Analytique*)，开创了一门新的学科. 为了使读者清楚该书的贡献，我们分析一下牛顿力学在实际中所遇到的困难，其主要来自以下三个方面.

(1) 牛顿的模式把影响物体运动的因素全部用力来表示，而实际上，大量的运动是受约束的运动，由约束产生的力在处理上是比较复杂的，因此，局限在牛顿的力学模式内，寻求受约束系统的运动是不方便的.

拉格朗日在其创立的体系中，把力和约束都作为动力学的基本因素，既承认力的作用，又承认约束的作用.

(2) 建立了动力学原理或者建立了系统的动力学方程，并不是研究的终结，因为我们并没有一般的方法去找到动力学方程的积分. 在找不到足够的首次积分的情况下，如何研究运动特性、解的结构及定量计算，构成了近代数学、力学中的重要课题. 分析力学中位形空间所具有的微分流形构造、哈密顿正则方程的辛构造以及近年来关于奇异吸引子的发现，使得这些研究具有更丰富的色彩.

(3) 牛顿的模式用于研究光、电磁、微观粒子时，碰到了接近光速的相对论效应、微观粒子的波粒二象性等困难，在这些物理事实面前，需要在已经成熟的经典力学理论中寻找一些理论的形式和方法，使得它能够顺利地摆脱经典概念的束缚，而成为自然地过渡到非经典力学的桥梁. 分析力学为这种过渡做好了准备.

拉格朗日的《分析力学》在很大程度上克服了上述牛顿力学中的第一个困难(并不完全，如非完整系统)，也给出了从不同的角度研究力学系统的先例. 1834 年，英国数学家、物理学家、力学家哈密顿引入了广义动量的概念，并建立了另一套形式完整的力学系统的方程——正则方程. 这种方程有着极好的数学形式. 1835 年，哈密顿对力学和光学之间深刻联系的思想促使他对经典力学做出了创造性的研究，他指出：力学的原理不仅可以按照牛顿的方式来叙述，也可以按某种作用量(数学上是某种泛函)的逗留值(有时是极小值)的方式来叙述. 图 1 示出了牛顿力学、拉格朗日力学和哈密顿力学之间的发展脉络.

关于分析力学的其他课题的研究有很多著名学者做出过重要贡献,如：

1829 年，高斯(Gauss)提出力学的最小拘束原理；

1837 年，雅可比(Jacobi)建立定理以求解哈密顿正则方程；

1876 年，基尔霍夫(Kirchhoff)把哈密顿原理用于连续介质；

1876 年，劳斯用循环坐标将拉格朗日方程降阶；

1892 年，李雅普诺夫(Lyapunov)提出运动稳定性的一般数学理论；

1892 年，庞加莱(Poincaré)、嘉当(Cartan)提出积分不变量；

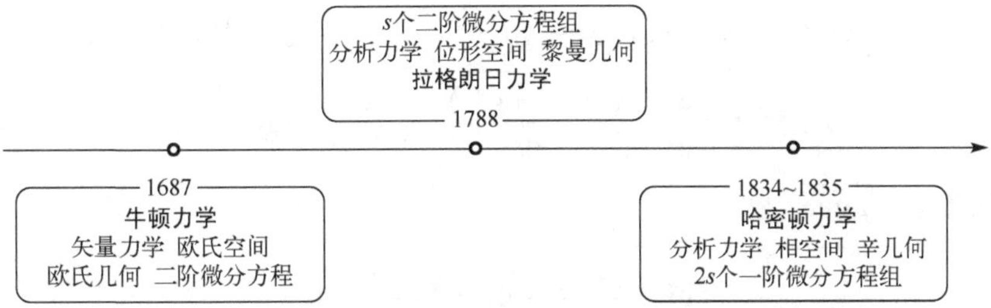

图 1　牛顿力学、拉格朗日力学和哈密顿力学之间的发展脉络

s 为自由度个数

1918 年，诺特提出对称不变性定理，建立了对称性与守恒量之间关系的理论.

分析力学发展史上另一重要事件是非完整约束概念的提出与非完整力学的研究. 完整系统和非完整系统的区别是电磁波的发现者赫兹(Hertz)于 1894 年首先提出的. 非完整系统的研究导致了对分析力学的一系列基本概念(如虚位移、虚速度、$\mathrm{d}\delta$的交换性、变分原理等)作深入的探讨，非完整系统在工程技术上的重要性也促进了这种研究的发展.

二百多年来，分析力学的研究为科学的进步做出了辉煌的贡献，其他相邻学科的发展也进一步推进了分析力学的研究，如振动理论、稳定性理论、刚体和刚体系统动力学、非线性力学等. 就现在的情况来看，分析力学的研究主要集中在以下几个方面.

(1) 分析力学中的一些基本概念、基本原理和基本方法的研究：涉及非完整系统、奇异拉格朗日系统、单面约束系统的建模与分析.

(2) 分析力学的拉格朗日体系和哈密顿系统的深入研究：如哈密顿系统的卡姆定理(KAM theorem)、混沌等专题.

(3) 分析力学的几何力学方法：利用现代微分几何学，李群、李代数方法研究分析力学中的基本问题.

(4) 分析力学的应用研究：滚轮系统的运动稳定性、连续介质分析力学等.

三、变分学简介

1. 关于泛函的概念

泛函是数学中重要的基本概念，也是数学和其他领域研究的重要工具. 为理解泛函的概念，先来了解伽利略提出的最速降线问题. 如图 2 所示，A、B 是重力场中不在同一铅垂线上的任意两点，A 高于 B，B 点的坐标为(a,b)，不考虑摩擦力和空气阻力，试确定连接 A、B 的一条曲线，使初速度为零的质点 M 从 A 点沿曲线自由下滑至 B 点所需的时间最短.

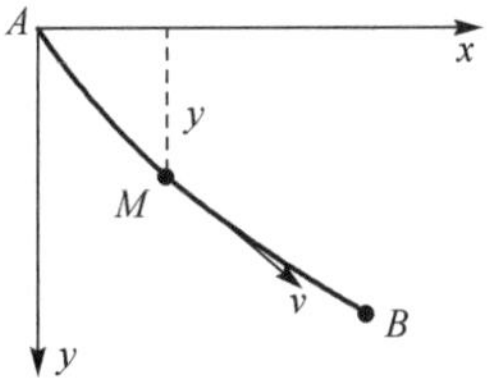

图 2　最速降线问题示意图

设质点所经路径为 $y=y(x)$，$\mathrm{d}s=\sqrt{(\mathrm{d}x)^2+(\mathrm{d}y)^2}$ 为曲线微段的弧长，则速度 v 为

$$v=\frac{\mathrm{d}s}{\mathrm{d}t}=\frac{\sqrt{(\mathrm{d}x)^2+(\mathrm{d}y)^2}}{\mathrm{d}t}=\frac{\sqrt{1+y'^2}}{\mathrm{d}t}\mathrm{d}x$$

我们知道 $v=\sqrt{2gy}$，故

$$\mathrm{d}t=\frac{\sqrt{1+y'^2}}{v}\mathrm{d}x=\frac{\sqrt{1+y'^2}}{\sqrt{2gy}}\mathrm{d}x$$

进行积分即得质点由 A 下滑到 B 所需的时间

$$T[y(x)]=\int_0^a\frac{\sqrt{1+y'^2}}{\sqrt{2gy}}\mathrm{d}x$$

显然，选取不同的曲线 $y(x)$ 运动所需的时间 T 的值有所不同.

在各种工程和力学问题中，常常遇到这类可以在一定范围内变化的函数和依赖于这些可变函数的量. 这些可变化的函数称为**自变函数**，而随这些自变函数而变的量称为该自变函数的**泛函**. 也就是说，泛函可以简单理解为“函数的函数”.

2. 关于变分的概念

变分在变分学中的地位正如微分在微分学中的地位一样重要，二者在形式上有许多相似之处，但必须把它们严格地区分开来. 在数学中，变分法是一种用于求解泛函极值的方法. 在分析力学中，变分法常用于求解拉格朗日力学和哈密顿力学的问题.

首先应当注意到，讨论微分时是自变量 x 在改变，而讨论变分时是自变函数 $y(x)$ 在变.

如图 3 所示，在曲线 $y=y(x)$ 的邻近取一比较曲线

$$y^*=y^*(x)=y(x)+\delta y$$

式中，δy 是数值为无穷小的任意函数，称为自变函数 $y(x)$ 的变分.

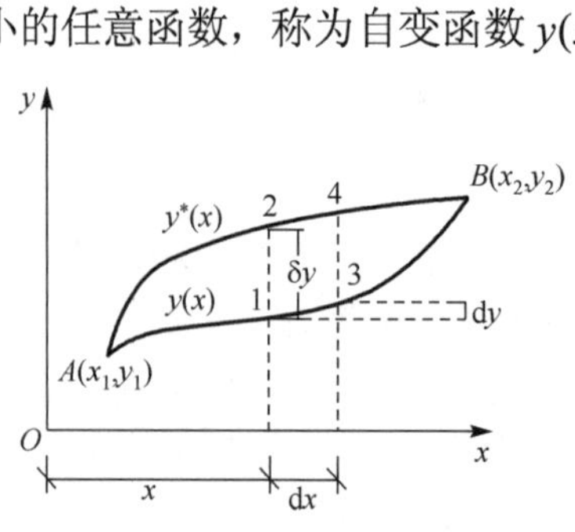

图 3　图示变分与微分

这种在自变量 x 不变的情况下，由于曲线函数 $y(x)$ 的变化而引起的纵坐标的

变化 δy 即为自变函数 $y(x)$ 的变分. 对于函数 $y(x)$，由于自变量 x 在微小区间 $\mathrm{d}x$ 上的变化所引起的纵坐标 $y(x)$ 的变化，即增量 $\mathrm{d}y = y'\mathrm{d}x$ 称为函数 $y(x)$ 的微分.

从图 3 可见，点 1、点 2、点 3 的纵坐标为

$$
\begin{aligned}
&y_1 = y \\
&y_2 = y + \delta y \\
&y_3 = y + \mathrm{d}y = y + y'\mathrm{d}x
\end{aligned}
$$

而点 4 的纵坐标从点 3 向上算为

$$y_4 = (y + y'\mathrm{d}x) + \delta(y + y'\mathrm{d}x)$$

若从点 2 算过去，则是

$$y_4 = (y + \delta y) + \frac{\mathrm{d}}{\mathrm{d}x}(y + \delta y)\mathrm{d}x = y + \delta y + [y' + (\delta y)']\mathrm{d}x$$

因此有

$$(\delta y)' = \delta y'$$

即变分和微分可以交换顺序.

下面研究泛函的变分. 分别定义泛函 J 和 J^*，对于自变函数 $y(x)$，有

$$J(y) = \int_{x_1}^{x_2} F(x, y, y')\mathrm{d}x$$

对于自变函数 $y^*(x)$

$$
\begin{aligned}
J^*(y^*) &= \int_{x_1}^{x_2} F(x, y^*, y^{*\prime})\mathrm{d}x \\
&= \int_{x_1}^{x_2} F(x, y + \delta y, y' + \delta y')\mathrm{d}x
\end{aligned}
$$

因此有泛函的增量

$$\Delta J = J^* - J = \int_{x_1}^{x_2} [F(x, y + \delta y, y' + \delta y') - F(x, y, y')]\mathrm{d}x$$

对于力学中遇到的泛函 J，被积函数 $F(x, y, y')$ 中的 y 和 y' 常是连续可导函数. 因此，当 δy 、$\delta y'$ 是无穷小量时，ΔJ 也是无穷小量，被积函数 F 的增量

$$\Delta F = F(x, y + \delta y, y' + \delta y') - F(x, y, y')$$

的一阶无穷小量

$$\delta F = \frac{\partial F}{\partial y}\delta y + \frac{\partial F}{\partial y'}\delta y'$$

称为 F 的一阶变分，而 ΔJ 的一阶无穷小量

$$\delta J = \int_{x_1}^{x_2} \left[\frac{\partial F}{\partial y}\delta y + \frac{\partial F}{\partial y'}\delta y'\right]\mathrm{d}x$$

称为泛函 J 的一阶变分.

由于变分是增量中的一阶无穷小量部分，因此，变分的运算服从无穷小量的运算规则.

3. 泛函的欧拉方程(Euler equation)

泛函 J 的一阶变分

$$\delta J=\int_{x_1}^{x_2}\left[\frac{\partial F}{\partial y}\delta y+\frac{\partial F}{\partial y'}\delta y'\right]\mathrm{d}x$$

利用分部积分公式

$$\int_{x_1}^{x_2}\frac{\partial F}{\partial y'}\delta y'\mathrm{d}x=-\int_{x_1}^{x_2}\frac{\mathrm{d}}{\mathrm{d}x}\left(\frac{\partial F}{\partial y'}\right)\delta y\mathrm{d}x+\left.\frac{\partial F}{\partial y'}\delta y\right|_{x_1}^{x_2}$$

由于函数 y 在两端固定不变，即在 $x=x_1$ 及 $x=x_2$ 处 $\delta y=0$，因而有

$$\delta J=\int_{x_1}^{x_2}\left[\frac{\partial F}{\partial y}-\frac{\mathrm{d}}{\mathrm{d}x}\left(\frac{\partial F}{\partial y'}\right)\right]\delta y\mathrm{d}x$$

由于上式中 δy 在 (x_1,x_2) 内是 x 的任意函数，因而泛函 J 取驻值(即 $\delta J=0$)的必要条件是 $y(x)$ 满足

$$\frac{\partial F}{\partial y}-\frac{\mathrm{d}}{\mathrm{d}x}\left(\frac{\partial F}{\partial y'}\right)=0$$

这一方程通常称为欧拉方程.

欧拉方程是泛函极值条件的微分表达式，求解泛函的欧拉方程，即可得到使泛函取极值的驻函数，将变分问题转化为微分问题.

【人物简介】

莱昂哈德·欧拉(Leonhard Euler，1707~1783)，瑞士数学家、力学家、天文学家和物理学家，1707 年 4 月 15 日生于瑞士巴塞尔，1783 年 9 月 18 日卒于俄国圣彼得堡. 欧拉 13 岁进入巴塞尔大学文学系学习，16 岁获得哲学硕士学位，18 岁开始独立的研究工作. 他一生在数学分析、微分几何、数论、理论力学、数学物理、天文学、船舶理论等方面做了一系列的奠基性工作. 他是刚体动力学的奠基人，提出欧拉角、欧拉动力学方程以及刚体定点转动的一个可积情形. 他也是变分法的奠基人、复变函数论的先驱者、理论流体动力学的奠基人. 因为劳累过度，1735 年他一目失明，1766 年双目失明，在他双眼完全失明后还完成了 400 多篇论文. 欧拉一生中大部分时间里都以每年约 800 页的速率发表高质量的独创性的研究文章. 关于欧拉的进一步了解可参考文献[1].

第 1 章

分析力学的基本概念

分析力学作为力学最根本的体系，既是数学、力学和物理学三大学科的基础，又是攻克诸多科学和技术中复杂问题的有效工具. 本章主要介绍分析力学中的基本概念：约束及其分类、自由度和广义坐标、可能位移和虚位移、理想约束等，以为后续有别于牛顿力学的分析力学的学习打下基础.

1.1 约束及其分类

1.1.1 约束

研究质点系相对于某惯性参考系的运动. 系统内各个质点的位置和速度等受到几何的或运动学的限制，这种限制称为约束. 例如，火车受铁轨的限制，只能沿轨道运动，铁轨是火车的约束；刚体内任意两点间的距离保持不变，这也是一种约束. 约束是事先加上的限制，不论作用于其上的力和运动的初始条件如何，这些限制都必须得到满足.

受约束的系统称为非自由系统，反之，不受这种约束的系统称为自由系统. 自由系统在主动力作用下可能在空间中任意运动，如飞行的飞机和小鸟等，它们在空间的位移不受任何限制. 对于非自由系统，加在系统的点上的约束在某种程度上限制系统的可能运动.

1.1.2 约束方程

一般的约束条件都可用数学方程或不等式来表达，这种表示约束的数学方程或不等式称为约束方程，这就需要根据已给条件，利用几何学和运动学知识写出具体的数学表达式.

例 1.1.1 如图 1.1.1 所示，两个质点在半径为 R 的固定球面上运动，且两点之间的距离保持不变，试写出约束方程.

解 以固定球面的球心为原点，取一固定直角坐标系，则约束方程为

$$x_1^2 + y_1^2 + z_1^2 = R^2$$

$$x_2^2 + y_2^2 + z_2^2 = R^2$$

$$(x_2 - x_1)^2 + (y_2 - y_1)^2 + (z_2 - z_1)^2 = l^2$$

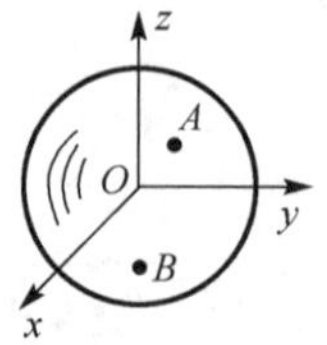

图 1.1.1　球表面上间距不变的两点

例 1.1.2　在平面上运动的两个质点用不变长 l 的杆相连接，且杆中点的速度沿杆方向(图 1.1.2)，试写出约束方程.

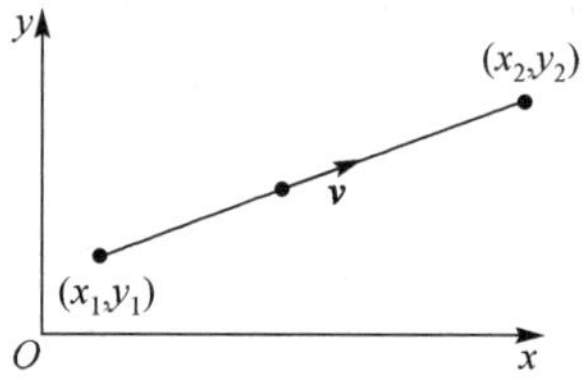

图 1.1.2　杆中点速度方向与杆方向一致示意图

解　设两质点位置分别为 (x_1, y_1)、(x_2, y_2)，则

$$(x_2 - x_1)^2 + (y_2 - y_1)^2 = l^2$$

表示对点的位置的几何限制，下面方程则表示对点的速度的运动学限制：

$$\frac{\dot{x}_1 + \dot{x}_2}{x_2 - x_1} = \frac{\dot{y}_1 + \dot{y}_2}{y_2 - y_1}$$

这里“·”表示对时间 t 的导数.

例 1.1.3　如图 1.1.3 所示，xOy 平面内的曲柄连杆机构，曲柄销 A 被限制在以 O 为中心、r 为半径的圆周上运动；滑块 B 被限制在沿 Ox 轴的水平直槽中运动；A、B 两点间的距离等于 l，试写出约束方程.

解　此机构的约束方程可表示为

$$\begin{cases} x_A^2 + y_A^2 = r^2 \\ (x_B - x_A)^2 + (y_B - y_A)^2 = l^2 \\ y_B = 0 \end{cases}$$

式中，(x_A, y_A) 和 (x_B, y_B) 分别为 A、B 两点的坐标.

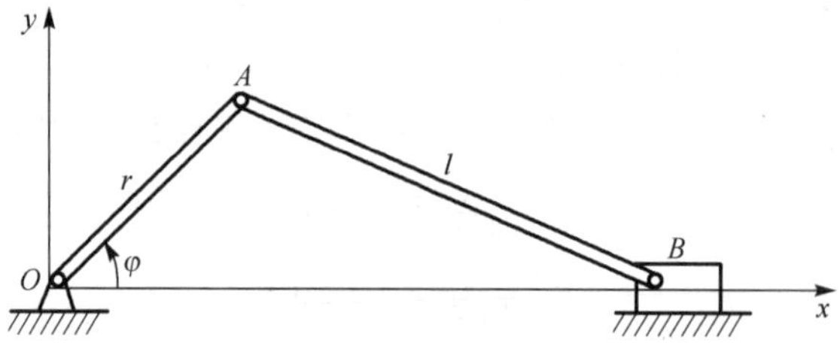

图 1.1.3　曲柄连杆机构示意图

1.1.3　约束的分类

约束本身的性质不仅影响系统运动的形式，而且也影响研究运动所运用的方法. 因此，必须研究和区分约束的类型. 根据约束方程的形式及其所含变量的不同，可以对约束进行如下分类.

1. 完整约束与非完整约束

研究由 N 个质点组成的力学系统，点的直角坐标为 (x_i, y_i, z_i)，点的速度为 $(\dot{x}_i, \dot{y}_i, \dot{z}_i)$ $(i=1,2,\cdots,N)$.

用点的直角坐标 (x_i, y_i, z_i) 和时间 t 的有限方程(非微分方程)表示的约束，称为几何约束，其一般形式为

$$f_\alpha(x_i, y_i, z_i, t)=0 \quad (i=1,2,\cdots,N;\ \alpha=1,2,\cdots,d<3N) \tag{1.1.1}$$

d 表示约束方程的个数. 当存在约束(1.1.1)时，系统不能在每一时刻在空间取任意位置，几何约束是在时刻 t 加在系统可能位置上的限制.

用点的直角坐标 (x_i, y_i, z_i)、速度 $(\dot{x}_i, \dot{y}_i, \dot{z}_i)$ 和时间 t 表示的约束，称为微分约束，其一般形式为

$$f_\beta(x_i, y_i, z_i, \dot{x}_i, \dot{y}_i, \dot{z}_i, t)=0 \quad (i=1,2,\cdots,N;\ \beta=1,2,\cdots,g\leqslant 3N) \tag{1.1.2}$$

g 表示约束方程的个数.

几何约束和可积分成有限形式的微分约束称为完整约束，亦可表述为，约束方程不包含质点的速度，或包含速度但可以积分成对位置的约束称为完整约束.

不可积分成有限形式的微分约束称为非完整约束，亦可表述为，包含质点速度且不可积分成完整约束的约束称为非完整约束.

微分约束是关于坐标的微分方程. 关于可积性与不可积性的概念有两种不同的含义：

(1) 找到在其变化的定义域中点的坐标之间的有限方程，使之等价于给定的微分方程. 非完整约束在这种含义中是不可积的. 本书采用这种定义，如

$$\dot{x}x+\dot{y}y+\dot{z}z=0$$

可积分为

$$x^2+y^2+z^2=C$$

因而是完整约束.

非完整约束的不可积性是指不能找到坐标间的有限方程使之等价于给定非完整约束的微分方程. 非完整约束在这种含义下是不可积的，但同时可以找到满足非完整方程的点的轨道. 例如，约束

$$\dot{y}-z\dot{x}=0$$

是非完整的，因为不能由上式得到关系 $f(x,y,z)=C$，但可指出满足给定条件的点

的轨道. 例如

$$x = t^2, \quad y = t^4, \quad z = 2t^2$$

(2) 找到作为时间函数的坐标 $x_i = x_i(t)$ ，$y_i = y_i(t)$ ，$z_i = z_i(t)$ ，使之满足用微分方程表示的给定的非完整约束. 在这种含义中非完整约束是可积的.

对于非完整约束，不能在位形空间里指出一个确定的曲面，使满足约束的所有轨道在此曲面上.

具有完整约束的系统与具有非完整约束的系统，在运动性质上和研究方法上都有着本质的区别，研究非完整系统要比研究完整系统复杂得多、困难得多.

2. 定常约束与非定常约束

约束方程中显含与不显含时间 t 的约束分别称为非定常约束与定常约束，即定常约束不依赖于时间，非定常约束则依赖于时间，其约束方程分别为

$$f_\alpha(x_i, y_i, z_i) = 0 \quad 和 \quad f_\alpha(x_i, y_i, z_i, t) = 0 \tag{1.1.3}$$

这里，$i = 1, 2, \cdots, N$; $\alpha = 1, 2, \cdots, d$，$d < 3N$.

图 1.1.4 所示的无重刚杆悬挂的单摆，其约束方程为

$$x^2 + y^2 = l^2$$

该约束中不含时间 t ，为定常约束.

图 1.1.5 所示由绕滑轮的细绳悬挂的单摆，其摆长随时间变化，约束方程为

$$x^2 + y^2 \leqslant (l_0 - vt)^2$$

该约束方程含有时间 t ，即为非定常约束.

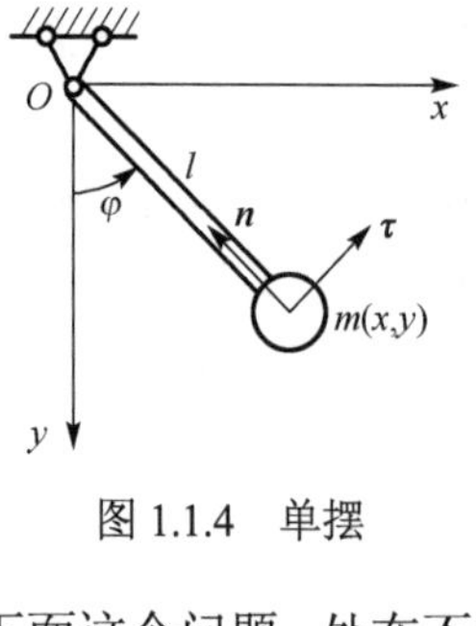

图 1.1.4　单摆

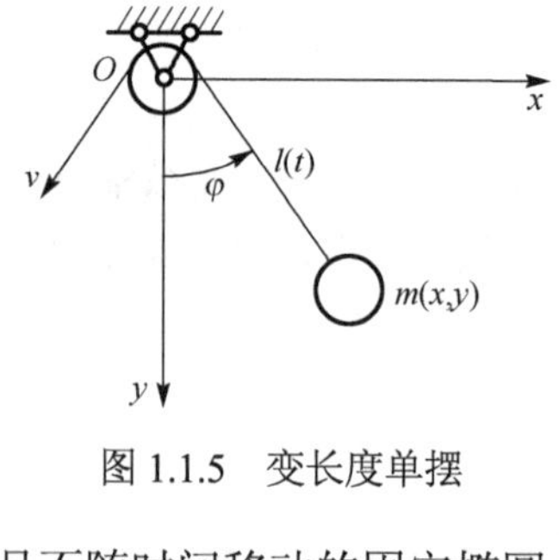

图 1.1.5　变长度单摆

再看下面这个问题：处在不随时间变形且不随时间移动的固定椭圆上的点，其约束方程可写为

$$\frac{x^2}{a^2} + \frac{y^2}{b^2} = 1$$

a 和 b 为椭圆的半轴长. 该约束为定常约束.

如果点处在一半轴随时间变化的椭圆上，则其约束方程为

$$\frac{x^2}{a^2t^2}+\frac{y^2}{b^2}=1$$

该约束则为非定常约束.

3. 单面约束与双面约束

用方程表示的约束，若约束方程为等式，这样的约束称为双面约束，也叫双侧约束、固执约束，约束方程可表示为式(1.1.3). 图 1.1.4 所示单摆即为双面约束，质点 m 只能在圆弧线上运动，不能往外也不能往内运动.

约束方程为不等式的约束称为单面约束，也叫单侧约束、非固执约束. 约束方程可以表示为

$$f_\alpha(x_i,y_i,z_i,t)<0 \quad 或 \quad f_\alpha(x_i,y_i,z_i,t)\geqslant 0 \tag{1.1.4}$$

图 1.1.5 所示小球仅在沿绳的拉伸方向受限制，称绳对球的约束为单面约束.

约束的不同类型只是从不同角度的分类，一个约束往往是具有多种性质的. 如约束

$$x^2+y^2+z^2=R^2$$

是双面的、定常的完整约束.

约束

$$x^2+y^2+z^2\leqslant(R_0-vt)^2$$

是单面的、非定常的非完整约束.

按约束实现可进一步把约束分为被动约束与主动约束，被动约束依靠接触或摩擦被动地实现；主动约束是靠辅助能源主动地实现. 关于约束的进一步了解可参考文献[2].

1.1.4　微分约束的可积性

一个微分约束的可积性是一个重要问题. 如果可积，该约束即为完整约束；否则，就是非完整约束.

在本节中，对双面约束，我们通常仅考虑一阶情况. 在这种情况下，最广泛的等式约束方程为式(1.1.2). 根据速度分量是线性函数还是非线性函数，微分约束可以区分为一阶线性约束和一阶非线性约束. 由于几何约束的微商形式对速度分量来说一定是线性，因此，我们这里只考虑一阶线性约束.

一般形式下的一阶线性约束又称为普法夫(Pfaff)约束，即

$$\sum_{s=1}^{3N}A_s(u_j,t)\mathrm{d}u_s+A(u_j,t)\mathrm{d}t=0 \quad (j=1,2,\cdots,3N) \tag{1.1.5}$$

这里，$u_1=x_1$，$u_2=y_1$，$u_3=z_1$，$\cdots$，$u_{3N-2}=x_N$，$u_{3N-1}=y_N$，$u_{3N}=z_N$.

下面我们分别讨论具有两个变量和三个变量的普法夫约束的可积性.

1. 两个变量约束 $A(x,y)\dot{x}+B(x,y)\dot{y}=0$ 的可积性

两变量约束改写为

$$A(x,y)\mathrm{d}x+B(x,y)\mathrm{d}y=0 \tag{1.1.6}$$

定理 1.1.1 普法夫约束一定是完整的.

证明 (1) 若 $\dfrac{\partial A}{\partial y}=\dfrac{\partial B}{\partial x}$，根据格林(Green)公式

$$\oint A\mathrm{d}x+B\mathrm{d}y=\iint\left(\frac{\partial B}{\partial x}-\frac{\partial A}{\partial y}\right)\mathrm{d}x\mathrm{d}y \tag{1.1.7}$$

故普法夫约束为恰当微分，定理得证.

(2) 若约束 $\dfrac{\partial A}{\partial y}\neq\dfrac{\partial B}{\partial x}$，则由一阶线性偏微分方程积分的存在性定理可知，一定可找到 $\mu(x,y)\neq 0$，使得

$$\frac{\partial(\mu A)}{\partial y}=\frac{\partial(\mu B)}{\partial x} \tag{1.1.8}$$

由此得 $\mu(A\mathrm{d}x+B\mathrm{d}y)$ 为恰当微分，从而得约束(1.1.6)为完整约束，定理得证.

2. 三个变量约束 $A(x,y,z)\mathrm{d}x+B(x,y,z)\mathrm{d}y+C(x,y,z)\mathrm{d}z=0$ 的可积性

定理 1.1.2 $A\mathrm{d}x+B\mathrm{d}y+C\mathrm{d}z=0$ 是完整约束的充要条件为

$$A\left(\frac{\partial B}{\partial z}-\frac{\partial C}{\partial y}\right)+B\left(\frac{\partial C}{\partial x}-\frac{\partial A}{\partial z}\right)+C\left(\frac{\partial A}{\partial y}-\frac{\partial B}{\partial x}\right)=0 \tag{1.1.9}$$

证明 这里仅证明必要性，充分性的证明读者可以进一步参考文献[3，4]. 假设约束方程存在有限积分 $\varPhi(x,y,z)=\lambda$，不失一般性，假设 $\dfrac{\partial\varPhi}{\partial z}\neq 0$，则由积分得

$$z=z(x,y,\lambda)$$

从而

$$\mathrm{d}z=\frac{\partial z}{\partial x}\mathrm{d}x+\frac{\partial z}{\partial y}\mathrm{d}y$$

由约束可得

$$\frac{\partial z}{\partial x}=-\frac{A}{C}=P(x,y,z) \tag{1.1.10}$$

$$\frac{\partial z}{\partial y}=-\frac{B}{C}=Q(x,y,z) \tag{1.1.11}$$

由于$\dfrac{\partial^2 z}{\partial x\partial y}=\dfrac{\partial^2 z}{\partial y\partial x}$，由以上两式则得

$$\frac{\partial P}{\partial y}+\frac{\partial P}{\partial z}Q=\frac{\partial Q}{\partial x}+\frac{\partial Q}{\partial z}P \tag{1.1.12}$$

将式(1.1.10)和式(1.1.11)代入式(1.1.12)整理得

$$A\left(\frac{\partial B}{\partial z}-\frac{\partial C}{\partial y}\right)+B\left(\frac{\partial C}{\partial x}-\frac{\partial A}{\partial z}\right)+C\left(\frac{\partial A}{\partial y}-\frac{\partial B}{\partial x}\right)=0 \tag{1.1.13}$$

因此，定理的必要性得到证明.

例 1.1.4　讨论下面约束的完整性

$$yz(y+z)\mathrm{d}x+zx(z+x)\mathrm{d}y+xy(x+y)\mathrm{d}z=0$$

解　将上式与三个变量的普法夫约束对比，可设

$$A=yz(y+z),\quad B=zx(z+x),\quad C=xy(x+y)$$

经计算可得

$$\frac{\partial A}{\partial y}=z(y+z)+yz\,,\quad \frac{\partial A}{\partial z}=y(y+z)+yz$$

$$\frac{\partial B}{\partial x}=z(z+x)+zx\,,\quad \frac{\partial B}{\partial z}=x(z+x)+zx$$

$$\frac{\partial C}{\partial x}=y(x+y)+xy\,,\quad \frac{\partial C}{\partial y}=x(x+y)+xy$$

将以上式子代入式(1.1.9)得

$$\begin{aligned}&yz(y+z)\{x(z+x)+zx-[x(x+y)+xy]\}+zx(z+x)\{y(x+y)+xy-[y(y+z)+yz]\}\\&+xy(x+y)\{z(y+z)+yz-[z(z+x)+zx]\}\equiv 0\end{aligned}$$

根据定理，可以判定本约束是完整约束.

例 1.1.5　讨论下面约束的完整性

$$\sin\theta\mathrm{d}x-\cos\theta\mathrm{d}y=0$$

解　根据三个变量的普法夫约束的可积性定理，令

$$A=\sin\theta,\quad B=-\cos\theta,\quad C=0\quad (\text{取}z=\theta)$$

因为

$$A\left(\frac{\partial B}{\partial z}-\frac{\partial C}{\partial y}\right)+B\left(\frac{\partial C}{\partial x}-\frac{\partial A}{\partial z}\right)+C\left(\frac{\partial A}{\partial y}-\frac{\partial B}{\partial x}\right)=0$$

本约束为

$$\sin\theta(\sin\theta-0)-\cos\theta(0-\cos\theta)+0=1$$

故约束是非完整的.

例 1.1.6　讨论下面约束的完整性

$$\mathrm{d}y - g(z)\mathrm{d}x = 0$$

解　根据普法夫约束的可积性定理，设

$$A = -g(z), \quad B = 1, \quad C = 0$$

将上面的式子代入式(1.1.13)有

$$A\left(\frac{\partial B}{\partial z} - \frac{\partial C}{\partial y}\right) + B\left(\frac{\partial C}{\partial x} - \frac{\partial A}{\partial z}\right) + C\left(\frac{\partial A}{\partial y} - \frac{\partial B}{\partial x}\right) = g'(z)$$

根据判别完整性的充要条件：若 $g'(z)=0$，则约束是完整的；若 $g'(z)\neq 0$，则约束是非完整的.

在本书中，我们主要讨论完整、双面和定常约束的情况.

1.2　广义坐标和自由度

1.2.1　广义坐标

分析力学的一个特色是用广义坐标描述力学系统的运动. 确定质点的位置或质点系的位形的坐标，只有在不受外界约束的情况下才是互相独立的. 当受到几何约束时，这些坐标互相不独立. 对于由 N 个质点组成的系统，若为自由质点系，其独立的坐标为 $3N$ 个；若受到 r 个独立约束方程

$$f_k(x_1, y_1, z_1, \cdots, x_N, y_N, z_N, t) = 0 \quad (k = 1, 2, \cdots, r) \tag{1.2.1}$$

的限制，则系统内独立的坐标减少为 $n = 3N - r$ 个. 确定质点系位形的独立坐标称为广义坐标.

在确定广义坐标的个数 n 时，r 是完整约束的数目，不包括非完整约束，因为后者与体系的几何位置不发生直接关系. 一个体系的广义坐标可以有不同的选择方法，广义坐标的选择主要根据我们研究问题的方便来决定. 当采用广义坐标建立方程时，仅剩下非完整约束.

广义坐标比直角坐标意义更广泛. 广义坐标的量纲并不必须为长度，也可以是角度，甚至可以是面积和体积. 例如，有一个任意形状的均质各向同性弹性体，表面受到均布的法向压力. 在此压力作用下物体形状不变，只有体积的变化. 因此如果该物体的任一体积元在空间被固定，则各质点的位置都只决定于该物体的体积. 这样就可以把体积作为该物体唯一的广义坐标.

广义坐标也称为拉格朗日坐标，是分析力学的特色，用其描述的位形空间是最早的高维空间概念，摆脱了牛顿力学受到的古典欧氏几何的束缚.

【人物简介】

约瑟夫·拉格朗日(Joseph Louis Lagrange，1736～1813)全名为约瑟夫·路易斯·拉格朗日，法国力学家、数学家. 拉格朗日是分析力学的创立人. 他在所著《分析力学》(1788)中，吸收并发展了欧拉、J. le R.达朗贝尔等的研究成果，应用数学分析解决质点和质点系(包括刚体和流体)的力学问题. 拉格朗日在总结静力学的各种原理和虚速度原理的基础上提出分析静力学的一般原理，即虚功原理. 动力学普遍方程则是联合虚功原理和达朗贝尔原理而提出的. 对于有约束的力学系统，拉格朗日采用适当的变换，引入广义坐标，得到一般的运动方程，即第一类和第二类拉格朗日方程.

图 1.2.1 所示一维弹性梁，各截面挠度 $y(x)$ 可作广义坐标，因而有无限多，但是相邻截面的挠度必须是连续的，它们不是可以独立的量，因而不能用挠度作独立的广义坐标. 可我们知道，梁挠曲线可用三角级数表示

$$y=\sum_{j=1}^{\infty}\alpha_j\sin\frac{j\pi x}{l}$$

α_j 是可以独立改变的参数，因此，可选择 α_j 作为此梁独立的广义坐标. 任何弹性体系的运动均可按振型分解并采用广义坐标解决.

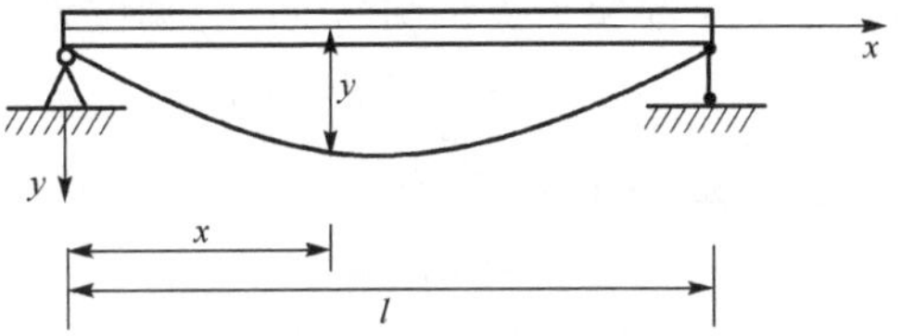

图 1.2.1　弹性梁的变形

例 1.2.1　如图 1.2.2 所示，两质点 M_1 和 M_2 组成的双摆系统. 不计杆的质量，两杆长度分别为 l_1 和 l_2，两小球的质量分别为 m_1 和 m_2. 系统的运动保持在铅垂平面内. 试用恰当的坐标系确定系统的位置.

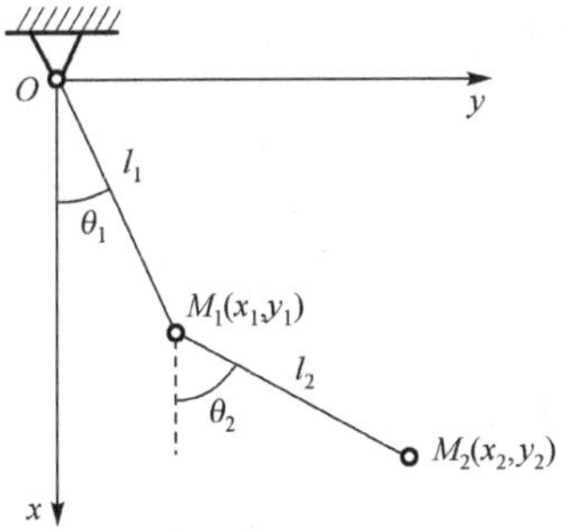

图 1.2.2　双摆系统

解　(1) 直角坐标法.

为确定两个小球的位置，可分别用坐标 (x_1, y_1) 和 (x_2, y_2) 描述，如图 1.2.2 所示. 这 4 个坐标变量之间有两个完整约束，即

$$x_1^2 + y_1^2 = l_1^2 \quad 和 \quad (x_2 - x_1)^2 + (y_2 - y_1)^2 = l_2^2$$

由此，只需要从 (x_1, y_1) 和 (x_2, y_2) 中各选一个，如选 x_1 和 x_2，则 y_1 和 y_2 可由上面两式确定，于是便可确定系统的位置.

(2) 广义坐标法.

选取杆件与铅垂线的夹角 θ_1 和 θ_2 为坐标，则当 θ_1 和 θ_2 给定时，系统的位置完全确定. 角度 θ_1 和 θ_2 并非欧氏几何意义上的坐标，即为广义坐标. 此时，约束方程自动满足.

直角坐标可以用广义坐标来表示

$$x_1 = l_1 \cos\theta_1, \quad y_1 = l_1 \sin\theta_1$$

$$x_2 = l_1 \cos\theta_1 + l_2 \cos\theta_2, \quad y_2 = l_1 \sin\theta_1 + l_2 \sin\theta_2$$

由此可见，选用广义坐标比选用直角坐标更为简便.

1.2.2　自由度

约束许可条件下能自由变分的独立的坐标数目称为体系的自由度.

对 N 个质点系统，有 r 个完整约束，则系统的自由度为

$$n = 3N - r \tag{1.2.2}$$

对含有 k 个非完整约束的系统，则自由度为

$$n = 3N - k \tag{1.2.3}$$

如果非完整系统同时有 r 个完整约束和 k 个非完整约束，则系统的自由度为

$$n = 3N - r - k \tag{1.2.4}$$

现在设这 $M(=3N)$ 个变数 $x_1, x_2, \cdots, x_M$ 可用 n 个独立变数 $q_1, q_2, \cdots, q_n$ 表示

$$x_i = f_i(q_1, q_2, \cdots, q_n)$$

其独立性由雅可比行列式不为零表示，即

$$J = \frac{\partial(x_1, x_2, \cdots, x_M)}{\partial(q_1, q_2, \cdots, q_n)} = \begin{vmatrix} \dfrac{\partial x_1}{\partial q_1} & \dfrac{\partial x_2}{\partial q_1} & \cdots & \dfrac{\partial x_M}{\partial q_1} \\ \dfrac{\partial x_1}{\partial q_2} & \dfrac{\partial x_2}{\partial q_2} & \cdots & \dfrac{\partial x_M}{\partial q_2} \\ \vdots & \vdots & & \vdots \\ \dfrac{\partial x_1}{\partial q_n} & \dfrac{\partial x_2}{\partial q_n} & \cdots & \dfrac{\partial x_M}{\partial q_n} \end{vmatrix} \neq 0 \tag{1.2.5}$$

直角坐标用广义坐标表示为

$$\boldsymbol{r}_i=\boldsymbol{r}_i(q_s,t)\quad(i=1,2,\cdots,N;s=1,2,\cdots,n)\tag{1.2.6}$$

这里，$\boldsymbol{r}_i$ 为各系统中第 i 个质点的矢径.

【人物简介】

卡尔·雅可比(Carl Gustav Jacob Jacobi，1804 ~ 1851)是德国数学家，椭圆函数论的创始人之一. 1804 年 12 月 10 日生于普鲁士的波茨坦，1851 年 2 月 18 日卒于柏林. 12 岁进入大学预科学习. 1821 年进入柏林大学，1824 年为柏林大学无薪教师，1825 年获柏林大学博士学位，1826 年到柯尼斯堡大学任教，1827 年任副教授，1832 年为教授，1844 年起接受普鲁士国王的津贴. 在柯尼斯堡大学任教 18 年，他同天文学家、数学家 F. W.贝塞尔，物理学家 F. E.诺伊曼三人成为复兴德国数学的核心. 在分析力学方面，他改进和发展了哈密顿的工作，建立了一套解动力学微分方程的方法，即哈密顿-雅可比方法. 他还给出了最小作用量原理的雅可比形式.

例 1.2.2　一质点沿曲面运动，试确定其自由度.

解　设质点沿曲面 $f(x,y,z)=0$ 运动.

该系统用 3 个坐标描述，有一个完整约束. 因此，该系统的独立坐标数为 2，自由度也是 2.

该例题中的系统只有完整约束，系统的独立坐标数和自由度相同. 当系统为非完整系统时，如例 1.1.2 所示，系统的独立坐标数为 3，但系统有非完整约束存在，导致系统的独立坐标变分数为 2，因此，自由度为 2.

1.2.3　广义速度和广义加速度

广义坐标对时间的导数 $\dot{q}_s\ (s=1,2,\cdots,n)$ 称为广义速度，广义坐标对时间的二阶导数 $\ddot{q}_s\ (s=1,2,\cdots,n)$ 称为广义加速度. 系统中点的速度 $\dot{\boldsymbol{r}}_i\ (i=1,2,\cdots,N)$ 用广义速度表示为

$$\boldsymbol{v}_i=\dot{\boldsymbol{r}}_i=\sum_{s=1}^{n}\frac{\partial\boldsymbol{r}_i}{\partial q_s}\dot{q}_s+\frac{\partial\boldsymbol{r}_i}{\partial t}\tag{1.2.7}$$

则有

结论 1：当 q_s 为独立时

$$\frac{\partial\dot{\boldsymbol{r}}_i}{\partial\dot{q}_s}=\frac{\partial\boldsymbol{r}_i}{\partial q_s},\quad \frac{\mathrm{d}}{\mathrm{d}t}\left(\frac{\partial\boldsymbol{r}_i}{\partial q_s}\right)=\frac{\partial\dot{\boldsymbol{r}}_i}{\partial q_s}\quad(i=1,2,\cdots,N;\quad s=1,2,\cdots,n)\tag{1.2.8}$$

由于有

$$\boldsymbol{a}_i=\ddot{\boldsymbol{r}}_i=\sum_{s=1}^{n}\frac{\partial\boldsymbol{r}_i}{\partial q_s}\ddot{q}_s+\sum_{s=1}^{n}\sum_{k=1}^{n}\frac{\partial^2\boldsymbol{r}_i}{\partial q_s\partial q_k}\dot{q}_s\dot{q}_k+2\sum_{s=1}^{n}\frac{\partial^2\boldsymbol{r}_i}{\partial q_s\partial t}\dot{q}_s+\frac{\partial^2\boldsymbol{r}_i}{\partial t^2}\tag{1.2.9}$$

则得

结论 2：当 q_s 为独立时

$$\frac{\partial \ddot{\boldsymbol{r}}_i}{\partial \ddot{q}_s}=\frac{\partial \boldsymbol{r}_i}{\partial q_s},\quad \frac{\partial \ddot{\boldsymbol{r}}_i}{\partial \dot{q}_s}=2\frac{\partial \dot{\boldsymbol{r}}_i}{\partial q_s}\quad (i=1,2,\cdots,N;\ s=1,2,\cdots,n) \tag{1.2.10}$$

以上两个结论即为经典的拉格朗日关系，只有当系统为完整系统时成立，对含有非完整约束的非完整系统，以上两个结论并不成立. 以上广义速度和广义加速度也可以用直角坐标形式表示，感兴趣的读者可以自行推导，也可参考文献[2].

1.3 可能位移和虚位移

1.3.1 可能位移

设一个质点约束在曲面上，此曲面的方程为

$$\varphi(x,y,z)=0 \tag{1.3.1}$$

既然质点不再受其他约束，则质点运动的空间就是整个曲面，经 dt 后变动 dx、dy、dz, 则

$$\varphi(x+\mathrm{d}x,y+\mathrm{d}y,z+\mathrm{d}z)=0 \tag{1.3.2}$$

将上式用泰勒(Taylor)级数展开，有

$$\varphi(x+\mathrm{d}x,y+\mathrm{d}y,z+\mathrm{d}z)=\varphi(x,y,z)+\frac{\partial\varphi}{\partial x}\mathrm{d}x+\frac{\partial\varphi}{\partial y}\mathrm{d}y+\frac{\partial\varphi}{\partial z}\mathrm{d}z+\cdots \tag{1.3.3}$$

略去高阶无穷小项，故有

$$\frac{\partial\varphi}{\partial x}\mathrm{d}x+\frac{\partial\varphi}{\partial y}\mathrm{d}y+\frac{\partial\varphi}{\partial z}\mathrm{d}z=0 \tag{1.3.4}$$

由于式(1.3.4)中 dx 、dy 、dz 未考虑质点的运动规律，故不一定是在真实运动中出现的位移，而是约束方程允许的可能出现的位移，称为可能位移. 由于可能位移只需要满足约束条件，不要求满足动力学方程和初始条件，因此，可能位移可能有无数个.

将式(1.3.4)除以 dt 得

$$\frac{\partial\varphi}{\partial x}\dot{x}+\frac{\partial\varphi}{\partial y}\dot{y}+\frac{\partial\varphi}{\partial z}\dot{z}=0 \tag{1.3.5}$$

就是质点可能速度 $(\dot{x},\dot{y},\dot{z})$ 应适合的方程，即质点可能速度的限制条件.

1.3.2 虚位移

在分析力学中广泛应用虚位移的概念，其具有举足轻重的地位. 为了理解虚位移，我们先看实位移. 实位移是指质点在真实运动中在一定主动力作用下经历一定时间的位移，实位移只有一个.

在给定的固定时刻为加在质点上的约束所允许的所有假想的无限小位移，称为质点的虚位移. 虚位移可以是有限个，也可以是无限多个. 虚位移不是可能位移，可能位移也不是实位移，但实位移是可能位移中的一个. 对定常约束，可能位移就是虚位移.

非定常完整约束

$$\varphi(x, y, z, t) = 0 \tag{1.3.6}$$

通过泰勒展开，可能位移为

$$\frac{\partial\varphi}{\partial x}\mathrm{d}x + \frac{\partial\varphi}{\partial y}\mathrm{d}y + \frac{\partial\varphi}{\partial z}\mathrm{d}z + \frac{\partial\varphi}{\partial t}\mathrm{d}t = 0 \tag{1.3.7}$$

虚位移为

$$\frac{\partial\varphi}{\partial x}\delta x + \frac{\partial\varphi}{\partial y}\delta y + \frac{\partial\varphi}{\partial z}\delta z = 0 \tag{1.3.8}$$

因此，实位移、虚位移和可能位移是三个不同的概念，在不同约束条件下三者之间有不同的关系.

1.4　理 想 约 束

当约束的曲面方程应用于实际问题时，总是一种近似的描述，所以虽然有了曲面方程，对实际问题还会引起有、无摩擦的问题. 无摩擦约束为理想约束，但无摩擦约束与理想约束并不等同，因为有的有摩擦约束也可能是理想约束，如滚球、滚盘等纯滚动约束也是理想约束.

对于非自由质点系，当约束的约束反力在任何虚位移上所做的元功之和均等于零时，质点系所受约束称为理想约束. 理想约束条件表示为

$$\sum_{i=1}^{N}\boldsymbol{R}_i \cdot \delta\boldsymbol{r}_i = 0 \tag{1.4.1}$$

其中，$\boldsymbol{R}_i$ 为作用在质点系中第 i 个质点上的约束力.

理想约束有以下几种类型：

(1) 柔索约束(不可伸长的)；

(2) 理想光滑接触面约束；

(3) 刚体内约束；

(4) 纯滚动约束；

(5) 光滑固定铰及轮轴系统.

例 1.4.1　如图 1.4.1 所示一端固定的不可伸长的柔索，试证明柔索为理想约束.

解　柔索的约束力 $\boldsymbol{F}_N$ 总沿柔索方向，并指向固定点 O，虚位移 $\delta\boldsymbol{r}$ 与柔索垂直，

如图 1.4.1 所示，故有

$$\boldsymbol{F}_N \cdot \delta \boldsymbol{r} = 0$$

元功为零，因此，柔索约束为理想约束.

例 1.4.2　如图 1.4.2 所示，两质点通过一刚性直杆连接，试证明该约束为理想约束.

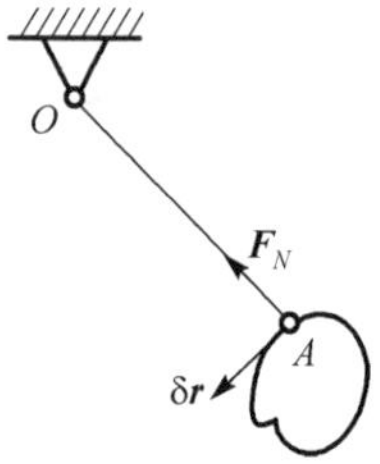

图 1.4.1　柔索约束

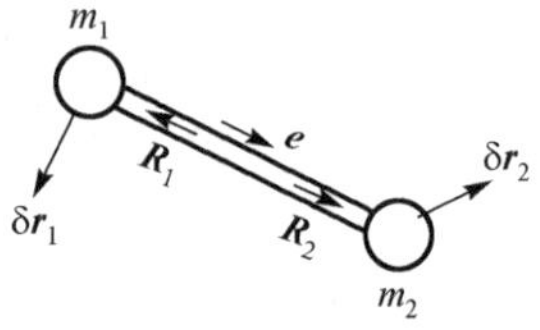

图 1.4.2　刚杆约束

解　如图 1.4.2 所示，直杆为刚性杆，则两质点所受约束反力为一对作用力与反作用力 $\boldsymbol{R}_1$ 和 $\boldsymbol{R}_2$，分别作用于 m_1 和 m_2 上.

$$\boldsymbol{R}_1 = -\boldsymbol{R}_2$$

设两质点的虚位移分别为 $\delta \boldsymbol{r}_1$ 和 $\delta \boldsymbol{r}_2$，$\boldsymbol{e}$ 为从质点 m_1 指向质点 m_2 的单位矢量. 因此，有

$$\boldsymbol{R}_1 = -R_1 \boldsymbol{e}, \qquad \boldsymbol{R}_2 = R_2 \boldsymbol{e}$$

显然，由于直杆是刚性杆，两质点的虚位移沿直杆方向的分量必定相等，即

$$\boldsymbol{e} \cdot \delta \boldsymbol{r}_1 = \boldsymbol{e} \cdot \delta \boldsymbol{r}_2$$

于是，施加于该系统上的约束反力在虚位移上所做元功(虚功)之和为

$$\delta W = \boldsymbol{R}_1 \cdot \delta \boldsymbol{r}_1 + \boldsymbol{R}_2 \cdot \delta \boldsymbol{r}_2 = -R_1 \boldsymbol{e} \cdot \delta \boldsymbol{r}_1 + R_2 \boldsymbol{e} \cdot \delta \boldsymbol{r}_2 = 0$$

因此，这就证明了刚性直杆约束为理想约束.

1.5　拓 展 阅 读

本章前面部分介绍了分析力学的基本概念，由于学时限制，部分内容未进一步阐述. 分析力学虽是一门基础课程，但具有强大的生命力，无论是概念还是理论都在随着科学的发展而不断更新，同时延伸到不同的新兴学科领域.

通常讲到的约束是前述三种类型，但是随着近代科学技术的发展，约束的概念也在推广和扩充，主要表现在以下四个方面：①将运动微分方程的首次积分当作非完整约束. ②可控系统当作完整系统或非完整系统，有人研究过包含伺服的约束，系统中有辅助能源，通过电磁的力或气动的力，用某种方法来实现某些约束. 这类约束与通常的约束有本质区别，称为第二类约束. ③高阶非完整约束. 前述非完整

约束中包含速度，不包含加速度和坐标对时间的高阶导数，因此称为一阶非完整约束，约束方程中含有坐标对时间的 n 阶导数，称为 n 阶非完整约束或微分约束. ④把加在动力学特性改变上的限制条件当作约束.

不含非完整约束的力学系统称为完整系统，至少有一个非完整约束的力学系统称为非完整系统. 也可表述为非完整系统至少有一个不可积分的微分约束. 非完整系统力学是继拉格朗日力学和哈密顿力学之后分析力学的新发展阶段. 完整系统与非完整系统的本质差别在于是否可用拉格朗日方程来描述，完整系统可用拉格朗日方程描述，非完整系统需要由更复杂的微分方程来描述. 非完整系统广泛存在于车辆、飞行器、机电系统等工程实际中，相关领域读者可开展进一步研究.

习　题

1.1　质量为 m 的小球 A 在半径为 r 的光滑圆环上运动，如题 1.1 图所示，此圆环在水平面上又绕环上的 O 点匀速转动，角速度为 ω. 试写出小球的约束方程，求出它的自由度.

1.2　质点 A 和 B 用一根长为 l 的直杆相连后在水平面上运动. 已知此杆中点 C 的速度始终沿 AB 方向. 试用 A、B 两点的直角坐标及其导数，写出此系统的约束方程，并确定它的自由度.

1.3　长度为 l 的细绳系一小球，悬挂点按照 $X=A\sin\omega(t-t_0)$ 方式运动，如题 1.3 图所示，小球被限制在 (x, z) 平面内运动，$t=t_0$ 时悬线铅直向下.

(1) 求悬线和竖直线偏离 $\delta\theta$ 所对应的虚位移 δr.

(2) 已知在这一时刻的角速度为 $\dot{\theta}$，求经过 $\mathrm{d}t$ 时间后的位移 $\mathrm{d}r$. 当 $\mathrm{d}t\to 0$ 时，$\mathrm{d}r$ 与 δr 有何差别？

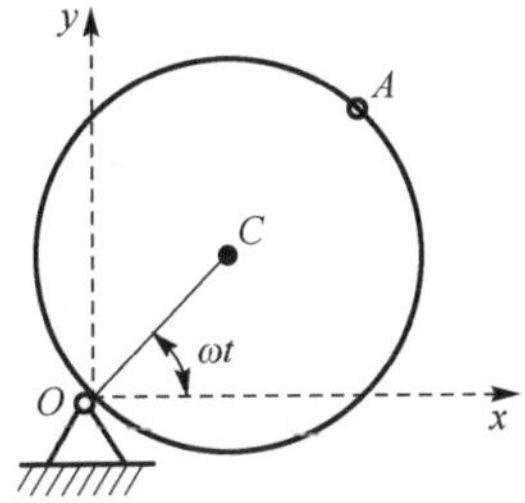

题 1.1 图

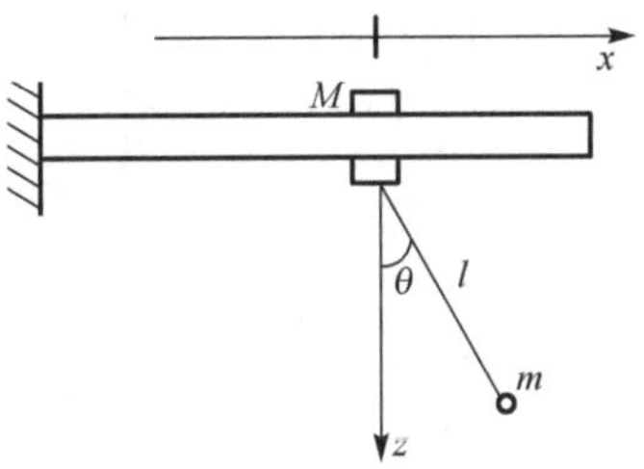

题 1.3 图

1.4　一质点在空间中运动，所受约束为

$$\dot{z}\mathrm{e}^{x}-\dot{y}=0$$

试证这是一个非完整约束，但可找到满足约束的一些轨道 $x=x(t)$，$y=y(t)$，$z=z(t)$.

1.5　试说明下列运动约束中哪些是可积的. 对于可积的约束，求出对应的有限的约束方程.

(1) $x\dot{z}+(y^2-x^2-z)\dot{x}+(z-y^2-xy)y=0$.

(2) $\dot{y}-z\dot{x}=0$.

(3) $(2x+y+z)\dot{x}+(2y+z+x)\dot{y}+(2z+x+y)\dot{z}=0$.

1.6　试证明如题 1.6 图所示约束为理想约束.

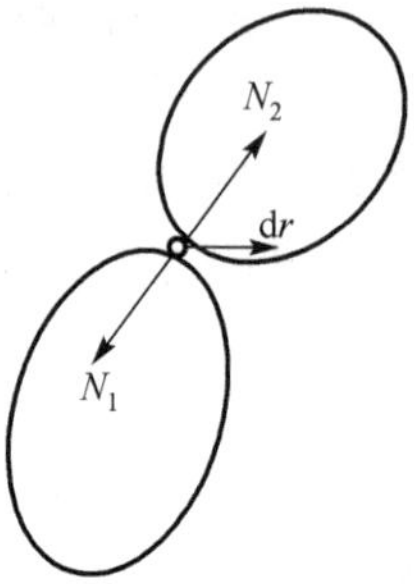

(a) 中间铰

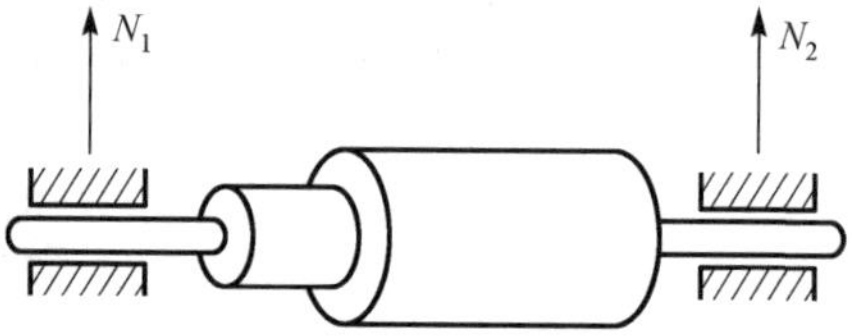

(b) 光滑轴承

题 1.6 图

1.7　如题 1.7 图所示，长为 l 的均质杆两端分别与 A、B 两轮连接，两轮分别沿铅直墙面和水平面做只滚不滑运动，杆的 A 端同一铅直固定弹簧相连，杆重为 P，两轮重量不计，试分析该系统的自由度.

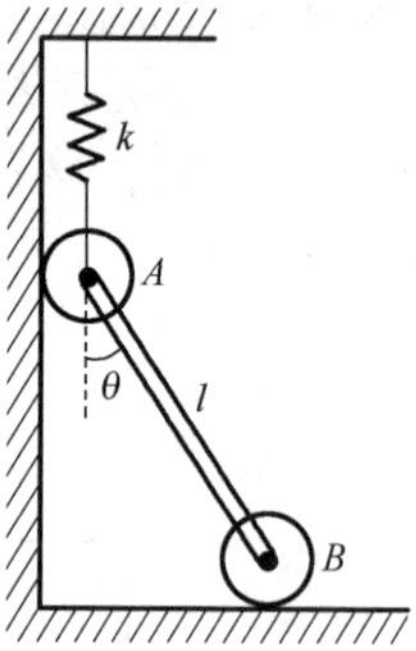

题 1.7 图

第 2 章 分析力学的变分原理

人类在从事于各种生产实践的过程中，逐渐地掌握了客观物质世界各种形式运动的规律，建立了各门科学. 在各门科学的发展过程中，我们总希望能够把各种物质运动的最基本的、最普遍的，也就是最本质的东西提炼、抽象、归纳、总结为若干条原理，并使其尽可能简单. 这些原理、定律或公理可作为这门科学的理论基础. 这样，一方面能够使这门科学的理论更加严密，系统更加完整；另外，从这些原理出发，经过逻辑推理、数学演绎等往往可以发现新的事物，使这门科学得到进一步发展，也就使我们对于客观物质世界的认识更加深入. 另外，原理在美学上的意义也是不可低估的.

众所周知，人类对物质世界运动规律的认识水平是由低到高、由浅入深的；在某一个历史阶段中所总结出来的原理或定律，只是一个相对真理，它必然要随着历史的发展，随着社会生产的发展而不断发展、补充或修正，使它能够更加接近于客观真理. 此外，由于每一门科学都担负着解决在各种生产实践中所提出来的新问题的任务，为了能够更好和更方便地完成这个任务，我们往往根据具体的要求和条件建立一些新的原理. 然而，在条件相同的情况下得到各种原理，是可以相互转换和互相推导的，因为它们反映了同一个客观规律.

从数学的观点来看，力学原理可以分为不变分和变分两大类，每一类又可分为微分的和积分的.

不变分的力学原理直接描述机械运动的客观规律. 如果描述的运动规律发生于某一瞬时，则这个原理称为微分的；如果描述的运动规律发生于一段时间过程之内，则这个原理称为积分的.

至于变分的力学原理，它并不直接描述机械运动的客观规律，而是通过把真实发生的运动和可能发生的运动加以比较，指出真实发生的运动所应遵循的规律. 在变分原理中必须规定两点：①与真实运动相比较的可能运动，是在什么条件下发生的，也就是把真实运动与哪些可能的运动相比较；②通过哪些方面或者说哪些因素来加以比较. 由于可能运动的条件和比较的因素不同，各种各样的变分原理因此而建立.

在很多情况下，真实运动与可能运动的区别可以这样描述：对真实运动来说，由某些因素(就是通过它来进行比较的)组成的某一函数具有极值. 也就是：对于真实运动，某一函数的变分等于零. 于是根据这个条件，应用变分法就可以导出系统的运动微分方程. 这也就是变分原理的由来. 变分原理可以分为微分的和积分的.

2.1 虚位移原理

虚位移原理是静力学的最普遍的原理，基于此可以推导出全部静力学.

2.1.1 虚位移原理的一般表达

具有双面理想约束的力学系统平衡的充要条件是作用在系统上的主动力在系统的任何虚位移上所做的虚功之和等于零. 即

$$\sum_{i=1}^{N}\boldsymbol{F}_i\cdot\delta\boldsymbol{r}_i=0 \tag{2.1.1}$$

虚位移原理是分析静力学的基础. 根据这一原理可以得到任何具体机械系统的平衡条件.

对于自由刚体，以$\boldsymbol{v}_O$表示刚体上任意一点的速度，$\boldsymbol{\omega}$表示角速度，$\boldsymbol{F}$、$\boldsymbol{L}_O$分别表示作用在刚体上的外力系对极点 O 的主矢量和主矩矢，并令刚体上的作用力在刚体的任何无限小位移上的元功δA之和为零. 由于

$$\begin{aligned}\delta A&=\sum_{i=1}^{N}\boldsymbol{F}_i\cdot\boldsymbol{v}_i\mathrm{d}t=\sum_{i=1}^{N}\boldsymbol{F}_i\cdot(\boldsymbol{v}_O+\boldsymbol{\omega}\times\boldsymbol{r}_i)\mathrm{d}t\\&=\left[\left(\sum_{i=1}^{N}\boldsymbol{F}_i\right)\cdot\boldsymbol{v}_O+\boldsymbol{\omega}\cdot\left(\sum_{i=1}^{N}\boldsymbol{r}_i\times\boldsymbol{F}_i\right)\right]\mathrm{d}t\\&=(\boldsymbol{F}\cdot\boldsymbol{v}_O+\boldsymbol{\omega}\cdot\boldsymbol{L}_O)\mathrm{d}t=0\end{aligned} \tag{2.1.2}$$

根据牛顿第三定律，刚体内力的主矢量、主矩矢等于零，因此$\sum_{i=1}^{N}\boldsymbol{F}_i=\boldsymbol{F}$和$\sum_{i=1}^{N}\boldsymbol{r}_i\times\boldsymbol{F}_i=\boldsymbol{L}_O$. 由于$\boldsymbol{v}_O$、$\boldsymbol{\omega}$的任意性，故得

$$\boldsymbol{F}=0,\quad \boldsymbol{L}_O=0$$

此即自由刚体平衡的充要条件.

这就是利用虚位移原理求约束反力、主动力的一般方法讨论.

2.1.2 虚位移原理的广义坐标表示

设由N个质点组成的质点系具有n个自由度. 选择n个广义坐标$q_1,q_2,\cdots,q_n$，则质点的位形用广义坐标表示为

$$\boldsymbol{r}_i=\boldsymbol{r}_i(q_s,t)\quad(i=1,2,\cdots,N;\ s=1,2,\cdots,n) \tag{2.1.3}$$

据此可得变分

$$\delta \boldsymbol{r}_i = \sum_{s=1}^{n} \frac{\partial \boldsymbol{r}_i}{\partial q_s} \delta q_s \tag{2.1.4}$$

式中，δq_s 为对广义坐标所求的等时变分，叫做广义虚位移. 将上式代入式(2.1.1)，有

$$\delta A = \sum_{i=1}^{N} \boldsymbol{F}_i \cdot \delta \boldsymbol{r}_i = \sum_{s=1}^{n} \left(\sum_{i=1}^{N} \boldsymbol{F}_i \cdot \frac{\partial \boldsymbol{r}_i}{\partial q_s} \right) \delta q_s \tag{2.1.5}$$

令

$$Q_s = \sum_{i=1}^{N} \boldsymbol{F}_i \cdot \frac{\partial \boldsymbol{r}_i}{\partial q_s} \quad (s = 1, 2, \cdots, n) \tag{2.1.6}$$

称为与广义坐标 q_j 对应的广义力. 由式(2.1.5)有

$$\delta A = \sum_{s=1}^{n} Q_s \cdot \delta q_s = 0 \tag{2.1.7}$$

此式即为用广义力和广义坐标表示的完整系统广义虚位移原理.

考虑到 q_s 的独立性，有

$$Q_s = 0 \tag{2.1.8}$$

因此，虚位移原理的另一等价说法为：具有完整、定常、理想约束的质点系平衡的充分必要条件是所有与广义坐标对应的广义力均等于零. 式(2.1.8)也是该系统静力平衡状态下的广义平衡方程组.

若作用在质点系上的主动力都是质点位置的函数，即系统为保守系统，各力的大小与函数 $V(x_1, x_2, \cdots, x_{3N})$ 的导数有关，V 为势函数，X_r 为有势力.

$$X_r = -\frac{\partial V}{\partial x_r} \quad (r = 1, 2, \cdots, 3N) \tag{2.1.9}$$

则

$$\delta A = \sum_{r=1}^{3N} X_r \cdot \delta x_r = -\sum_{r=1}^{3N} \frac{\partial V}{\partial x_r} \delta x_r = -\delta V = 0 \tag{2.1.10}$$

即

$$\delta V(q_1, q_2, \cdots, q_n) = \sum_{s=1}^{n} \frac{\partial V}{\partial q_s} \delta q_s = 0 \tag{2.1.11}$$

由于 q_s 的独立性，于是有平衡条件

$$\frac{\partial V}{\partial q_1} = 0, \quad \frac{\partial V}{\partial q_2} = 0, \quad \cdots, \quad \frac{\partial V}{\partial q_n} = 0 \tag{2.1.12}$$

这就是保守力作用下的完整系统的广义虚位移原理，也是保守力作用下完整系统处理静力平衡状态的广义平衡方程组.

例 2.1.1　如图 2.1.1 所示一均质刚性杆，总质量为 m，k 为弹簧刚度系数，c 为阻尼系数，$u(x,t)$ 为竖向位移，$p(x,t)$ 为外荷载，试建立刚性杆振动的运动方程.

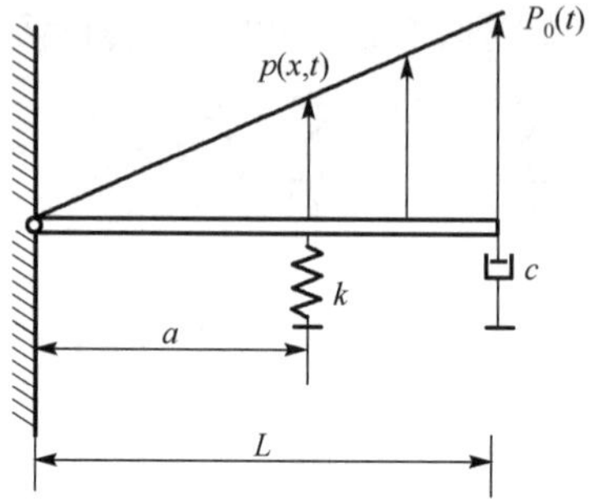

图 2.1.1　均质刚性杆的振动

解　根据虚位移原理，假设刚性杆逆时针转一极小的角度 θ，系统可视为一单自由度系统，则可认为

$$u(x,t)=x\theta$$

设刚性杆产生一虚位移

$$\delta u(x,t)=x\delta\theta$$

则弹簧虚功

$$\delta W_1=-ka\theta(a\delta\theta)=-ka^2\theta\delta\theta$$

阻尼虚功

$$\delta W_2=-cL\dot{\theta}(L\delta\theta)=-cL^2\dot{\theta}\delta\theta$$

外力虚功

$$\delta W_3=\int_0^L p(x,t)x\delta\theta\mathrm{d}x=\frac{L^2}{3}P_0(t)\delta\theta$$

惯性力虚功

$$\delta W_4=-\int_0^L\frac{m}{L}\mathrm{d}x\cdot x\ddot{\theta}\cdot x\delta\theta=-\frac{L^3}{3}m\ddot{\theta}\delta\theta$$

由

$$\delta W_1+\delta W_2+\delta W_3+\delta W_4=0$$

消去 $\delta\theta$，得刚性杆面内运动方程

$$\frac{L^2}{3}m\ddot{\theta}+cL^2\dot{\theta}+ka^2\theta=\frac{L^2}{3}P_0(t)$$

例 2.1.2　试用广义虚位移原理求解图 2.1.2 所示平衡系统中拉力 P 的大小(忽略滑轮重量及一切摩擦).

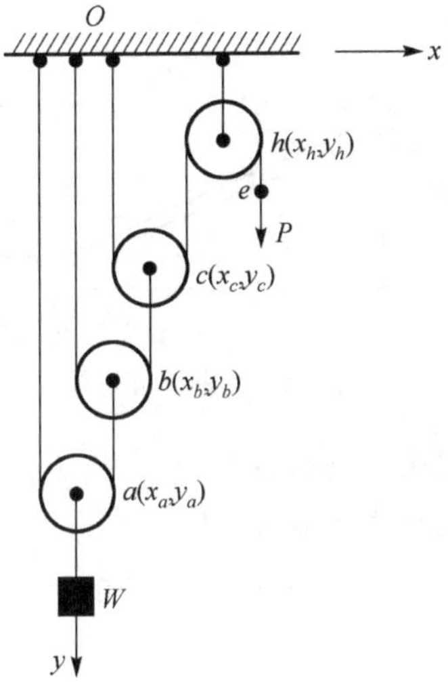

图 2.1.2　滑轮系统

解　设轻绳与滑轮间无滑动，且柔绳不可伸长，则该系统受理想约束. 直观分析该系统只能沿铅垂方向做直线运动，故自由度为 $s=1$.

选取 a 滑轮的 y 坐标为广义坐标，d 为滑轮的直径. 则

$$y_e=-8y_a$$

a 滑轮中心与 e 点的位矢可表示为

$$\boldsymbol{r}_a=y_a\boldsymbol{j}\,,\quad \boldsymbol{r}_e=x_a\boldsymbol{i}+y_e\boldsymbol{j} \tag{1}$$

易知，主动力可表示为

$$\boldsymbol{W}=W\boldsymbol{j}\,,\quad \boldsymbol{P}=P\boldsymbol{j} \tag{2}$$

将式(1)和(2)代入广义虚位移原理式(2.1.7)，则有

$$\sum_{i=1}^{N}\boldsymbol{F}_i\cdot\frac{\partial\boldsymbol{r}_i}{\partial q_s}=\boldsymbol{W}\cdot\frac{\partial\boldsymbol{r}_a}{\partial y_a}+\boldsymbol{P}\cdot\frac{\partial\boldsymbol{r}_e}{\partial y_a}=W\boldsymbol{j}\cdot\boldsymbol{j}+P\boldsymbol{j}\cdot(-8\boldsymbol{j})=0$$

由此解得

$$P=\frac{1}{8}W$$

例 2.1.3　曲柄连杆机构如图 2.1.3 所示. 设一水平力 F 作用于滑块上，在曲柄 OA 上作用一矩为 M 的力偶，求曲柄连杆机构在图示位置平衡时，力 F 与力偶矩 M 的关系(不计摩擦).

解　以整个机构为研究对象. 不计摩擦，说明机构受理想约束，因此只需考虑主动力 F 和力偶矩 M.

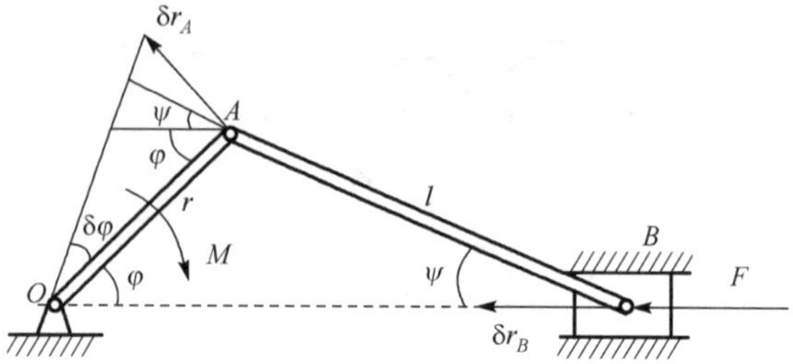

图 2.1.3　曲柄连杆机构

给机构以虚位移，当给曲柄一虚位移 $\delta\varphi$ 时，A、B 两点的虚位移分别为 δr_A 和 δr_B. 将主动力和相应的虚位移代入虚功方程得

$$-M\delta\varphi + F\delta r_B = 0$$

即

$$\frac{M}{F} = \frac{\delta r_B}{\delta\varphi} \tag{1}$$

为求 F 和 M 的关系，需求 δr_A 和 δr_B 之间的关系. 用几何法，由曲柄 OA 作为定轴转动，有

$$\delta r_A = r\delta\varphi \tag{2}$$

连杆 AB 作为平面运动，其上 A、B 两点的虚位移在 AB 上的投影相等，即

$$\delta r_A \cos(90^\circ - \varphi - \psi) = \delta r_B \cos\psi \tag{3}$$

将式(2)代入式(3)得

$$\frac{\delta r_B}{\delta\varphi} = \frac{r\sin(\varphi+\psi)}{\cos\psi} \tag{4}$$

将式(4)代入式(1)，得 F 与 M 之间的关系为

$$\frac{M}{F} = \frac{r\sin(\varphi+\psi)}{\cos\psi}$$

例 2.1.4　虚功原理在惰钳受力分析中的应用. 如图 2.1.4 所示，在生活中惰钳有多种应用，它延伸了手的作用距离. 惰钳机构一般由三组长杆(六根)和两根短杆组成，长杆长 $2a$，短杆长 a，杆与杆之间用铰链相连.

如图 2.1.5 所示，若惰钳顶部受力大小为 F，下部受力大小为 F_Q，图中 θ 大小已知，且不计摩擦，则 F_Q 的大小为多少时能使系统处于平衡状态?

解　该问题的自由度为 1，取 θ 为广义坐标. 图 2.1.5 中 A、B、C 各点的坐标和虚位移可表示为

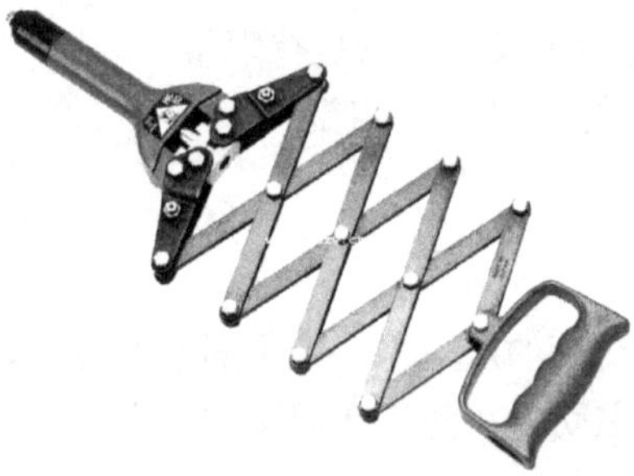

图 2.1.4　生活中的惰钳

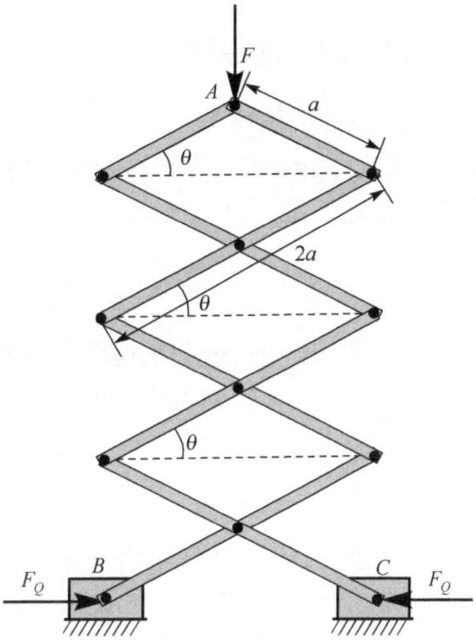

图 2.1.5　惰钳机构受力图

$$y_A = 7a\sin\theta,\ \delta y_A = 7a\cos\theta\delta\theta$$
$$x_A = -a\cos\theta,\ \delta x_A = a\sin\theta\delta\theta$$
$$x_C = a\cos\theta,\ \delta x_C = a\sin\theta\delta\theta$$

由虚功原理

$$\begin{aligned}\sum\delta W_F &= -F\delta y_A + F_Q\delta x_B - F_Q\delta x_C \\ &= (-7Fa\cos\theta + 2F_Q a\sin\theta)\delta\theta \\ &= 0\end{aligned}$$

可得基本问题的解为

$$F_Q = \frac{7}{2}F\cot\theta$$

上面的分析适用于由六根长杆组成的惰钳，对于 n 组长杆组成的惰钳，问题的解有如下推广形式：

$$F_Q = \frac{2n+1}{2}F\cot\theta$$

从以上例题可以看出，应用虚位移原理求解刚体系统平衡问题，不必将系统拆开，不需要考虑约束力，结果直接给出了平衡时主动力之间的关系. 这是用虚位移原理求解非自由质点系平衡问题的优点.

2.1.3　虚速度原理

前面提到的虚位移是想象的，故此位移可以不经过时间. 现在，为了应用上的方便，可以认为所给出的虚位移 $\delta \boldsymbol{r}_i$ 经历了无限小的时间间隔 $\mathrm{d}t$ ，并把质点系第 i 个质点的虚速度定义为

$$\Delta \dot{\boldsymbol{r}}_i = \Delta \boldsymbol{v}_i = \frac{\delta \boldsymbol{r}_i}{\mathrm{d}t}$$

式中 Δ 表示有限变更，表明虚速度可以不是无限小量，可以是有限量.

这样，将式(2.1.1)除以产生虚位移所经过的时间 $\mathrm{d}t$ ，得到

$$\sum_{i=1}^{N} \boldsymbol{F}_i \cdot \Delta \boldsymbol{v}_i = 0 \tag{2.1.13}$$

上式称为虚速度原理. 具有完整、定常和理想约束的质点系，其平衡的充分必要条件是在给定的位形上，作用于各质点上的所有主动力在任何虚速度中所做的元功率之和等于零. 虚速度原理又称为虚功率原理.

对于杠杆与滑轮，应用虚速度原理，容易得到反比关系

$$F_1 / F_2 = v_2 / v_1$$

称为“得之于力，失之于速度”的“力学金律”.

可以看出，虚位移原理虽最早由约翰 · 伯努利提出，但经过后来多人的发展才不断完善，因此有不同的表述.

2.2　达朗贝尔-拉格朗日原理

达朗贝尔原理将牛顿定律推广到受约束的质点系，与虚位移原理相结合，得到经典力学的动力学普遍方程，成为分析动力学的基础.

2.2.1　达朗贝尔-拉格朗日原理及其应用

根据达朗贝尔原理，加在系统的质点 m_i 上的主动力 $\boldsymbol{F}_i$ 、约束反力 $\boldsymbol{N}_i$ ，以及假想的惯性力 $\boldsymbol{\Phi}_i$ 所组成的力系，在每一瞬时，即在运动系统的每个位置上，都满足平衡条件

$$\boldsymbol{F}_i + \boldsymbol{N}_i + \boldsymbol{\Phi}_i = 0 \tag{2.2.1}$$

其中，$\boldsymbol{\Phi}_i = -m\ddot{\boldsymbol{r}}_i$.

达朗贝尔原理与虚位移原理相结合，就得到达朗贝尔-拉格朗日原理. 这个原理可以表述如下：在理想双面约束下，所有时刻的真实运动不同于运动学上的可能运动，仅在于，对于真实运动来说，主动力和假想的惯性力在系统任何虚位移中所

做的元功之和等于零，即

$$\sum_{i=1}^{N}(\boldsymbol{F}_i - m_i\ddot{\boldsymbol{r}}_i)\cdot\delta\boldsymbol{r}_i = 0 \tag{2.2.2}$$

上式即为达朗贝尔-拉格朗日原理的矢量形式.

【人物简介】

让·勒朗·达朗贝尔（Jean le Rond d'Alembert ,1717 ~ 1783），法国理学家、数学家、天文学家. 1741 年进入法国科学院担任天文学助理院士，1746 年被提升为数学副院士，与 D.狄德罗一起编纂《百科全书》并写了序言. 1754 年当选为法兰西科学院院士，1772 年起任学院终身秘书. 达朗贝尔是数学分析的主要开拓者和奠基人，也是 18 世纪为牛顿力学体系的建立做出卓越贡献的科学家之一. 他在自然科学和社会科学的许多领域都有重大发现或深刻研究.

下面给出这一推导过程. 当约束为理想约束时

$$\sum_{i=1}^{N}\boldsymbol{N}_i\cdot\delta\boldsymbol{r}_i = 0 \tag{2.2.3}$$

式(2.2.1)变为

$$\sum_{i=1}^{N}(\boldsymbol{F}_i + \boldsymbol{N}_i + \boldsymbol{\Phi}_i)\cdot\delta\boldsymbol{r}_i = \sum_{i=1}^{N}(\boldsymbol{F}_i - m_i\ddot{\boldsymbol{r}}_i)\cdot\delta\boldsymbol{r}_i = 0 \tag{2.2.4}$$

在直角坐标下进一步表示为

$$\sum_{i=1}^{N}\{(F_{ix} - m_i\ddot{x}_i)\delta x_i + (F_{iy} - m_i\ddot{y}_i)\delta y_i + (F_{iz} - m_i\ddot{z}_i)\delta z_i\} = 0 \tag{2.2.5}$$

直接利用达朗贝尔-拉格朗日原理可以求解某些实际问题.

利用广义坐标可以将达朗贝尔-拉格朗日原理表示为欧拉-拉格朗日形式. 假设系统的位形由 n 个广义坐标 $q_1, q_2, \cdots, q_n$ 确定，则质点的位形用广义坐标表示为式(2.1.3). 由于

$$\delta\boldsymbol{r}_i = \sum_{j=1}^{n}\frac{\partial\boldsymbol{r}_i}{\partial q_j}\delta q_j \tag{2.2.6}$$

将上式代入式(2.2.4)，则有

$$\sum_{j=1}^{n}\left[\sum_{i=1}^{N}m_i\ddot{\boldsymbol{r}}_i\cdot\frac{\partial\boldsymbol{r}_i}{\partial q_j} - Q_j\right]\delta q_j = 0 \tag{2.2.7}$$

这里

$$Q_j = \sum_{i=1}^{N} \boldsymbol{F}_i \cdot \frac{\partial \boldsymbol{r}_i}{\partial q_j} \tag{2.2.8}$$

根据式(1.2.8)，有

$$\sum_{i=1}^{N} m_i \ddot{\boldsymbol{r}}_i \cdot \frac{\partial \boldsymbol{r}_i}{\partial q_j} = \frac{\mathrm{d}}{\mathrm{d}t}\left(\sum_{i=1}^{N} m_i \dot{\boldsymbol{r}}_i \cdot \frac{\partial \boldsymbol{r}_i}{\partial q_j}\right) - \sum_{i=1}^{N} m_i \dot{\boldsymbol{r}}_i \cdot \frac{\partial \dot{\boldsymbol{r}}_i}{\partial q_j} \tag{2.2.9}$$

引入系统的动能，$T = \frac{1}{2}\sum_{i=1}^{N} m_i \dot{\boldsymbol{r}}_i^2$，则有

$$\sum_{i=1}^{N} m_i \dot{\boldsymbol{r}}_i \cdot \frac{\partial \dot{\boldsymbol{r}}_i}{\partial \dot{q}_j} = \frac{\partial T}{\partial \dot{q}_j}, \quad \sum_{i=1}^{N} m_i \dot{\boldsymbol{r}}_i \cdot \frac{\partial \dot{\boldsymbol{r}}_i}{\partial q_j} = \frac{\partial T}{\partial q_j} \tag{2.2.10}$$

将上式代入式(2.2.7)，则有

$$\sum_{j=1}^{n}\left[\frac{\mathrm{d}}{\mathrm{d}t}\frac{\partial T}{\partial \dot{q}_j} - \frac{\partial T}{\partial q_j} - Q_j\right] \cdot \delta q_j = 0 \tag{2.2.11}$$

上式即为欧拉-拉格朗日形式的达朗贝尔-拉格朗日原理.

2.2.2　达朗贝尔-拉格朗日原理的其他形式

利用广义坐标的其他关系，可以将达朗贝尔-拉格朗日原理写成其他的等价形式.

1. 利用 $\frac{\partial \ddot{\boldsymbol{r}}_i}{\partial \dot{q}_j} = 2\frac{\partial \boldsymbol{r}_i}{\partial q_j}$ 得尼尔森(Nielsen)形式的达朗贝尔-拉格朗日原理

【人物简介】

雅各布·尼尔森(Jakob Nielsen，1890 ~ 1959)，丹麦数学家，以研究曲面的自同构而闻名. 母亲在他 3 岁时去世，从 10 岁起，他就和姨妈住在伦茨堡. 1925 年，他接替朱尔担任哥本哈根技术大学理论力学教授. 1926 年，他被选为丹麦皇家科学院院士. 1935 年得到完整系统的一类新型运动微分方程，后人称之为尼尔森方程. 尼尔森在多个领域做出重要贡献，他是组合群论的创始人之一.

由式(1.2.8)，有

$$\sum_{i=1}^{N} m_i \ddot{\boldsymbol{r}}_i \cdot \frac{\partial \boldsymbol{r}_i}{\partial q_j} = \sum_{i=1}^{N} m_i \ddot{\boldsymbol{r}}_i \cdot \frac{\partial \dot{\boldsymbol{r}}_i}{\partial \dot{q}_j} \tag{2.2.12}$$

再由式(1.2.10)，上式可进一步改写为

$$\sum_{i=1}^{N} m_i\ddot{\boldsymbol{r}}_i\cdot\frac{\partial \boldsymbol{r}_i}{\partial q_j}=\sum_{i=1}^{N}\left(m_i\ddot{\boldsymbol{r}}_i\cdot\frac{\partial\dot{\boldsymbol{r}}_i}{\partial\dot{q}_j}+m_i\dot{\boldsymbol{r}}_i\cdot\frac{\partial\ddot{\boldsymbol{r}}_i}{\partial\dot{q}_j}-2m_i\dot{\boldsymbol{r}}_i\cdot\frac{\partial\dot{\boldsymbol{r}}_i}{\partial q_j}\right) \tag{2.2.13}$$

考虑系统动能 $T=\frac{1}{2}\sum_{i=1}^{N} m_i\dot{\boldsymbol{r}}_i^2$ 的导数，有

$$\dot{T}=\sum_{i=1}^{N} m_i\dot{\boldsymbol{r}}_i\cdot\ddot{\boldsymbol{r}}_i \tag{2.2.14}$$

对上式求广义速度的导数，有

$$\frac{\partial\dot{T}}{\partial\dot{q}_j}=\frac{\partial}{\partial\dot{q}_j}\sum_{i=1}^{N} m_i\dot{\boldsymbol{r}}_i\cdot\ddot{\boldsymbol{r}}_i=\sum_{i=1}^{N}\left(m_i\ddot{\boldsymbol{r}}_i\cdot\frac{\partial\dot{\boldsymbol{r}}_i}{\partial\dot{q}_j}+m_i\dot{\boldsymbol{r}}_i\cdot\frac{\partial\ddot{\boldsymbol{r}}_i}{\partial\dot{q}_j}\right) \tag{2.2.15}$$

考虑系统动能对广义坐标 q_j 的导数，有

$$\frac{\partial T}{\partial q_j}=\sum_{i=1}^{N} m_i\dot{\boldsymbol{r}}_i\cdot\frac{\partial\dot{\boldsymbol{r}}_i}{\partial q_j} \tag{2.2.16}$$

从而有

$$m_i\ddot{\boldsymbol{r}}_i\cdot\frac{\partial\boldsymbol{r}_i}{\partial q_j}=\frac{\partial\dot{T}}{\partial\dot{q}_j}-2\frac{\partial T}{\partial q_j} \tag{2.2.17}$$

因此式(2.2.11)可写成

$$\sum_{j=1}^{n}\left[\frac{\partial\dot{T}}{\partial\dot{q}_j}-2\frac{\partial T}{\partial q_j}-Q_j\right]\delta q_j=0 \tag{2.2.18}$$

这就是达朗贝尔–拉格朗日原理的尼尔森形式.

2. 利用 $\frac{\partial\ddot{\boldsymbol{r}}_i}{\partial\ddot{q}_j}=\frac{\partial\boldsymbol{r}_i}{\partial q_j}$ 得阿佩尔(Appell)形式的达朗贝尔–拉格朗日原理

【人物简介】

保罗·阿佩尔(Paul Appell, 1855 ~ 1930)，法国数学家、力学家. 他是非完整力学的奠基人之一. 1892 年，阿佩尔当选为法国科学院院士. 他得到了适合完整系统和非完整系统的一类运动方程，即阿佩尔方程(1899)，他的 5 卷《理性力学》是分析力学的名著.

由式(1.2.10)

$$\sum_{i=1}^{N} m_i\ddot{\boldsymbol{r}}_i\cdot\frac{\partial\boldsymbol{r}_i}{\partial q_j}=\sum_{i=1}^{N} m_i\ddot{\boldsymbol{r}}_i\cdot\frac{\partial\ddot{\boldsymbol{r}}_i}{\partial\ddot{q}_j} \tag{2.2.19}$$

引进加速度能量表达式

$$S = \sum_{i=1}^{N} \frac{1}{2} m_i \ddot{\boldsymbol{r}}_i^2 \tag{2.2.20}$$

将上式对广义加速度求导，得

$$\frac{\partial S}{\partial \ddot{q}_j} = \frac{\partial}{\partial \ddot{q}_j}\left(\frac{1}{2}\sum_{i=1}^{N} m_i \ddot{\boldsymbol{r}}_i^2\right) = \sum_{i=1}^{N} m_i \ddot{\boldsymbol{r}}_i \cdot \frac{\partial \ddot{\boldsymbol{r}}_i}{\partial \ddot{q}_j} \tag{2.2.21}$$

由此，有

$$\sum_{i=1}^{N} m_i \ddot{\boldsymbol{r}}_i \cdot \frac{\partial \boldsymbol{r}_i}{\partial q_j} = \frac{\partial S}{\partial \ddot{q}_j} \tag{2.2.22}$$

因此式(2.2.11)可写成

$$\sum_{j=1}^{n}\left(\frac{\partial S}{\partial \ddot{q}_j} - Q_j\right) \cdot \delta q_j = 0 \tag{2.2.23}$$

即为达朗贝尔-拉格朗日原理的阿佩尔形式.

达朗贝尔-拉格朗日原理在广义坐标下的三种形式(2.2.11)、(2.2.18)和(2.2.23)成立的前提条件是约束为双面理想的，不论是否定常和是否完整. 事实上，达朗贝尔-拉格朗日原理还有更多的表达形式，感兴趣的读者可以进一步参考文献[2，5].

2.3 微分变分原理的其他形式

2.3.1 茹尔丹原理

达朗贝尔-拉格朗日原理比较真实运动与可能运动是通过虚位移进行的，可能运动与真实运动在同一瞬时比较具有无限小的虚位移. 如果我们换一个角度，比较可能运动与真实运动时，假设两者的时间和位移相同，而速度不同，这实际上相当于引入了一种变分规则

$$\delta t = 0, \quad \delta x = 0, \quad \delta \dot{x} \neq 0 \tag{2.3.1}$$

此时，对系统的理想约束定义为

$$\sum \boldsymbol{N}_i \cdot \delta \dot{\boldsymbol{r}}_i = 0 \tag{2.3.2}$$

则由达朗贝尔原理可得

$$\sum_{i=1}^{N} (m_i \ddot{\boldsymbol{r}}_i - \boldsymbol{F}_i) \cdot \delta \dot{\boldsymbol{r}}_i = 0 \tag{2.3.3}$$

此即茹尔丹(Jourdain)原理. 茹尔丹原理中变分是速度的变分，即速度空间的虚位移.

【人物简介】

菲利普·爱德华·伯特兰·茹尔丹(Philip Edward Bertrand Jourdain，1879～1919)，是一位英国逻辑学家，致力于集合论的基础研究，于 1908 年提出了一类微分变分原理.

类似于达朗贝尔-拉格朗日原理有几种不同形式，茹尔丹原理也有以下几种等价形式：

$$\sum_{j=1}^{n}\left(\frac{\mathrm{d}}{\mathrm{d}t}\frac{\partial T}{\partial \dot{q}_j}-\frac{\partial T}{\partial q_j}-Q_j\right)\delta \dot{q}_j=\sum_{j=1}^{n}\left(\frac{\partial \dot{T}}{\partial \dot{q}_j}-2\frac{\partial T}{\partial q_j}-Q_j\right)\delta \dot{q}_j=\sum_{j=1}^{n}\left(\frac{\partial S}{\partial \ddot{q}_j}-Q_j\right)\delta \dot{q}_j=0 \tag{2.3.4}$$

式中，三种等价形式分别为茹尔丹原理的欧拉-拉格朗日形式、尼尔森形式和阿佩尔形式. 利用它们可以推导完整系统的运动微分方程，也可用于推导一阶非完整系统的运动微分方程.

2.3.2　高斯原理

在茹尔丹原理变分规则的基础上，进一步考虑可能运动与真实运动的比较，两者时间、位移和各点相应的速度都相同，但是加速度不同，即引入变分法则

$$\delta t=0,\quad \delta \boldsymbol{r}=0,\quad \delta \dot{\boldsymbol{r}}=0,\quad \delta \ddot{\boldsymbol{r}}\neq 0 \tag{2.3.5}$$

且理想约束定义为

$$\sum_{i=1}^{N}\boldsymbol{N}_i\cdot\delta\ddot{\boldsymbol{r}}_i=0 \tag{2.3.6}$$

则有

$$\sum_{i=1}^{N}(m_i\ddot{\boldsymbol{r}}_i-\boldsymbol{F}_i)\cdot\delta\ddot{\boldsymbol{r}}_i=0 \tag{2.3.7}$$

高斯曾引入力学系统的拘束

$$Z=\frac{1}{2}\sum_{i=1}^{N}m_i\left(\ddot{\boldsymbol{r}}_i-\frac{\boldsymbol{F}_i}{m_i}\right)^2 \tag{2.3.8}$$

来度量力学系统与真实运动之间的偏差极小，即

$$\delta Z=0 \tag{2.3.9}$$

考虑到式(2.3.5)和式(2.3.6)后，可知式(2.3.9)与式(2.3.7)等价.

因此式(2.3.7)称高斯原理，亦称高斯最小拘束原理. 类似地，高斯原理亦可表示成三种等价形式，请读者自行推导.

【人物简介】

卡尔·弗里德里希·高斯(Carl Friedrich Gauss, 1777 ~ 1855)， 德国数学家. 在数学和物理学的各个领域，包括数论、分析、微分几何、大地测量学、磁学、天文学和光学，他的工作都产生了巨大的影响. 他研究的行星轨道的计算方法至今仍是这类计算的基础. 他在论文《论力学的一个新的普遍原理》中提出了著名的最小拘束原理.

例 2.3.1　试用高斯原理推导如图 1.1.4 所示不计轻质杆质量的单摆的运动微分方程.

解　根据式(2.3.8)写出质点的拘束为

$$Z=\frac{1}{2}m\left(\boldsymbol{a}-\frac{m\boldsymbol{g}}{m}\right)^2$$

将上式沿切向和径向用矢量表示

$$Z=\frac{1}{2}m(l\ddot{\varphi}\boldsymbol{\tau}+l\dot{\varphi}^2\boldsymbol{n}+g\sin\varphi\boldsymbol{\tau}+g\cos\varphi\boldsymbol{n})^2$$

按切向和法向整理有

$$Z=\frac{1}{2}m[(l\ddot{\varphi}+g\sin\varphi)\boldsymbol{\tau}+(l\dot{\varphi}^2+g\cos\varphi)\boldsymbol{n}]^2$$

将上式展开

$$Z=\frac{1}{2}m[(l\ddot{\varphi}+g\sin\varphi)^2+(l\dot{\varphi}^2+g\cos\varphi)^2]$$

将上式变分，注意到变分为高斯变分，即有

$$\delta Z=\frac{1}{2}m(2l^2\ddot{\varphi}+2lg\sin\varphi)\delta\ddot{\varphi}$$

令 $\delta Z=0$，得到单摆的运动微分方程

$$\ddot{\varphi}+\frac{g}{l}\sin\varphi=0$$

2.3.3　万有达朗贝尔原理或曼格伦原理

比较真实运动与可能运动，更一般的方法是考虑以下规则：

$$\delta t=0,\quad \delta\boldsymbol{r}_i=\delta\dot{\boldsymbol{r}}_i=\delta\ddot{\boldsymbol{r}}_i=\cdots=\delta\overset{(n-1)}{\boldsymbol{r}_i}=0,\quad \delta\overset{(n)}{\boldsymbol{r}_i}\neq 0\quad (n=0,1,2,\cdots) \tag{2.3.10}$$

其中，$\overset{(n)}{\boldsymbol{r}_i}$ 表示质点 i 的矢径对时间 t 的 n 阶导数.

理想约束定义为

$$\sum_{i=1}^{N} \boldsymbol{N}_i \cdot \delta \overset{(n)}{\boldsymbol{r}_i} = 0 \tag{2.3.11}$$

它表示系统的主动力和惯性力在 n 次速度空间中的虚位移上所做“元功”之和等于零，则有

$$\sum_{i=1}^{N} (m_i \ddot{\boldsymbol{r}}_i - \boldsymbol{F}_i) \cdot \delta \overset{(n)}{\boldsymbol{r}_i} = 0 \tag{2.3.12}$$

称为万有达朗贝尔原理，由罗马尼亚学者曼格伦(Mangeron)和德莱努(Deleanu)提出，这是最一般的微分变分原理. 类似地，万有达朗贝尔原理也有三种等价的表达式，这里不再赘述. 根据 n 次速度空间中的虚位移的定义，可以推导出任意阶非完整系统的运动方程. 当 $n=0$ 时，万有达朗贝尔原理成为达朗贝尔-拉格朗日原理；当 $n=1$ 时，它退化成为茹尔丹原理；当 $n=2$ 时，它就是高斯原理. 这三种基本原理又称为三种动力学方程的基本类型[6,7].

对于高斯变分原理，下面说明拘束函数的物理意义.

设一个力学系统的某质点 m_r 在 t 时刻的位置为 M_r，经短时间 τ，如无力的作用，将沿 $\boldsymbol{v}_r$ 运动到 A_r，得位移 $\boldsymbol{v}_r \cdot \tau$，如图 2.3.1 所示. 由于有主动力 $\boldsymbol{X}_r$ 的作用，质点经过时间 τ 后运动到位置 B_r，其位移为

$$\overrightarrow{M_r B_r} = \boldsymbol{v}_r \cdot \tau + \frac{1}{2} \frac{\boldsymbol{X}_r}{m_r} \tau^2 \tag{2.3.13}$$

但是由于尚有约束力的作用，真实位移为

$$\overrightarrow{M_r C_r} = \boldsymbol{v}_r \cdot \tau + \frac{1}{2} \ddot{\boldsymbol{x}}_r \tau^2 \tag{2.3.14}$$

将上面两式相减得

$$\overrightarrow{B_r C_r} = \overrightarrow{M_r C_r} - \overrightarrow{M_r B_r} = \frac{1}{2} \tau^2 \left(\ddot{\boldsymbol{x}}_r - \frac{\boldsymbol{X}_r}{m_r} \right) \tag{2.3.15}$$

我们知道

$$\boldsymbol{N}_r + \boldsymbol{X}_r = m_r \ddot{\boldsymbol{x}}_r \tag{2.3.16}$$

即

$$\frac{\boldsymbol{N}_r}{m_r} = \ddot{\boldsymbol{x}}_r - \frac{\boldsymbol{X}_r}{m_r} \tag{2.3.17}$$

因此

$$C = \frac{1}{2} \sum_{r=1}^{N} m_r \left(\ddot{\boldsymbol{x}}_r - \frac{\boldsymbol{X}_r}{m_r} \right)^2 = \frac{1}{2} \sum_{r=1}^{N} m_r \left(\frac{\boldsymbol{N}_r}{m_r} \right)^2 = \frac{2}{\tau^4} \sum_{r=1}^{N} m_r \overrightarrow{B_r C_r}^2 \tag{2.3.18}$$

如果质点有任意假想可能位移，那么高斯原理肯定了

$$C' = \frac{2}{\tau^4}\sum_{r=1}^{N} m_r \overrightarrow{B_rC_r'}^2 > C \tag{2.3.19}$$

因为

$$\begin{aligned} C' &= \frac{2}{\tau^4}\sum_{r=1}^{N} m_r \overrightarrow{B_rC_r'}^2 = \frac{2}{\tau^4}\sum_{r=1}^{N} m_r\left(\overrightarrow{B_rC_r}^2 + 2\overrightarrow{B_rC_r}\cdot\overrightarrow{C_rC_r'} + \overrightarrow{C_rC_r'}^2\right) \\ &= C + \frac{4}{\tau^4}\sum_{r=1}^{N} m_r \overrightarrow{B_rC_r}\cdot\overrightarrow{C_rC_r'} + \frac{2}{\tau^4}\sum_{r=1}^{N} m_r \overrightarrow{C_rC_r'}^2 \end{aligned} \tag{2.3.20}$$

注意到，$\overrightarrow{C_rC_r'}$ 等于质点 m_r 的虚位移 $\delta\boldsymbol{x}_r$，故上式第二项中

$$\sum_{r=1}^{N} m_r \overrightarrow{B_rC_r}\cdot\overrightarrow{C_rC_r'} = \sum_{r=1}^{N} m_r\left[\frac{\tau^2}{2}\left(\ddot{\boldsymbol{x}}_r - \frac{\boldsymbol{X}_r}{m_r}\right)\right]\cdot\delta\boldsymbol{x}_r = 0 \tag{2.3.21}$$

所以有

$$C' = C + \frac{2}{\tau^4}\sum_{r=1}^{N} m_r \overrightarrow{C_rC_r'}^2 > C \tag{2.3.22}$$

由于 C 与拘束有关系，故高斯原理称为最小拘束原理. 由此，“拘束”的物理意义可理解为是系统运动偏离自由运动的度量，也是约束作用大小的度量.

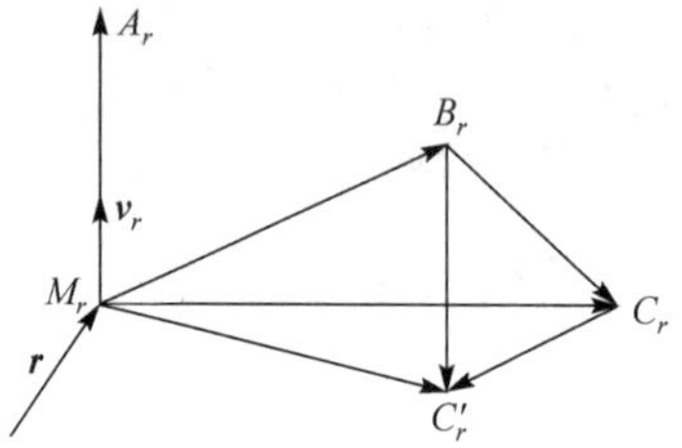

图 2.3.1　质点在不同条件下的运动位置

2.4　积分变分原理

积分变分原理中最著名的是哈密顿原理和拉格朗日原理. 对于完整保守系统来说，它们都是泛函的极值问题. 本节讨论完整系统在广义坐标下的哈密顿原理和拉格朗日原理.

2.4.1　哈密顿原理

1. 哈密顿原理的表述

研究具有双面、理想、完整约束的力学系统，所受广义力是有势的. 系统的位移

由 n 个广义坐标 q_s $(s=1,2,\cdots,n)$ 来确定，系统的动势即拉格朗日函数为 $L=T-V=L(q_s,\dot{q}_s,t)$，其中 T 为系统的动能，V 为系统的势能.

拉格朗日函数在时间 t_0 至 t_1 的积分

$$S=\int_{t_0}^{t_1} L\mathrm{d}t \tag{2.4.1}$$

称为哈密顿意义下的作用量.

哈密顿作用量是一个泛函，此泛函由选取 n 个时间的函数 $q_s(t)$ 的集合而确定. 在系统的真实路径上，作用量 S 取完全确定的值，此时出现在被积函数 L 的表达式中的 $q_s(t)$、$\dot{q}_s(t)$ 就是真实运动中的广义坐标和广义速度. 哈密顿原理能够指出，系统真实运动与可能运动比较时，真实运动所具有的性质.

在哈密顿原理中，所有可比较的运动有三个共同点：①约束是双面、理想、完整的，广义力是有势力. ②所有可比较运动在同一时刻 t_0 开始，并在同一时刻 t_1 结束. 因此，比较运动在同一时间间隔 t_1-t_0 内完成. 在所有运动中，时间的变化规律是一样的，即时间 t 不变更，因此，变量的变分是等时的. ③既然所有比较运动由同一点在同一时刻 t_0 开始，并在同一点、同一时刻 t_1 结束，亦即所有广义坐标在这些时刻彼此相等. 因此，广义坐标的等时变分在这些边值上恒等于零，即

$$(\delta q_s)\big|_{t=t_0}=0\,,\qquad (\delta q_s)\big|_{t=t_1}=0\qquad (s=1,2,\cdots,n) \tag{2.4.2}$$

哈密顿原理：在相同的时间、相同的起始和终了位置及相同的约束条件下，双面、完整、广义力有势的系统，在所有可能的各种运动中真实运动是使哈密顿作用量具有稳定值，即

$$\delta S=\delta\int_{t_0}^{t_1} L(q_s,\dot{q}_s,t)\mathrm{d}t=0 \tag{2.4.3}$$

哈密顿原理(2.4.3)也是力学的基本原理，并且它把力学原理归结为更一般的形式. 同时，它与坐标选择无关，因此更具普遍性，并在多方面应用中更为方便.

【人物简介】

威廉·罗文·哈密顿(William Rowan Hamilton, 1805 ~ 1865)，是一位物理学家、数学家和力学家. 他发展了分析力学，提出了著名的哈密顿原理和正则方程，还发现了四元数.

2. 利用哈密顿原理推导完整保守力学系统的拉格朗日方程

根据哈密顿原理，我们有

$$0=\delta S=\int_{t_0}^{t_i}\sum_{j=1}^{n}\left(\frac{\partial L}{\partial q_j}\delta q_j+\frac{\partial L}{\partial \dot{q}_j}\delta\dot{q}_j\right)\mathrm{d}t \tag{2.4.4}$$

对上式中被积函数的第二项，改变求导和变分的顺序，可写为

$$\frac{\partial L}{\partial \dot{q}_j}\delta\dot{q}_j=\frac{\partial L}{\partial \dot{q}_j}\frac{\mathrm{d}}{\mathrm{d}t}(\delta q_j)=\frac{\mathrm{d}}{\mathrm{d}t}\left(\frac{\partial L}{\partial \dot{q}_j}\delta q_j\right)-\delta q_j\frac{\mathrm{d}}{\mathrm{d}t}\left(\frac{\partial L}{\partial \dot{q}_j}\right) \tag{2.4.5}$$

将上式代入式(2.4.4)，有

$$\int_{t_0}^{t_1}\sum_{j=1}^{n}\left(\frac{\partial L}{\partial q_j}-\frac{\mathrm{d}}{\mathrm{d}t}\frac{\partial L}{\partial \dot{q}_j}\right)\delta q_j\mathrm{d}t+\sum_{j=1}^{n}\left(\frac{\partial L}{\partial \dot{q}_j}\delta q_j\right)\Bigg|_{t_0}^{t_1}=0 \tag{2.4.6}$$

考虑端点条件(2.4.2)，则有

$$\int_{t_0}^{t_1}\sum_{j=1}^{n}\left(\frac{\partial L}{\partial q_j}-\frac{\mathrm{d}}{\mathrm{d}t}\frac{\partial L}{\partial \dot{q}_j}\right)\cdot\delta q_j\mathrm{d}t=0 \tag{2.4.7}$$

这个等式对任何积分区间都是成立的，因此，由δq_j的独立性，有

$$\frac{\partial L}{\partial q_j}-\frac{\mathrm{d}}{\mathrm{d}t}\left(\frac{\partial L}{\partial \dot{q}_j}\right)=0\quad (j=1,2,\cdots,n) \tag{2.4.8}$$

哈密顿作用量的极值性可以通过以下例子来阐述.

例 2.4.1　研究单位质量的质点在有势函数$V(x)$的势力场中的一维运动.

解　根据保守系统中势函数与有势力的关系，问题的运动微分方程为

$$\ddot{x}=\frac{\mathrm{d}V}{\mathrm{d}x}$$

设$x(t)$为真实运动，并且有$x(t_0)=x_0$，$x(t_1)=x_1$，$t_1-t_0>0$，设$x'(t)$是满足同样条件的、与真实运动相比较的运动. 因此有

$$x'(t)=x(t)+\alpha(t)$$

其中，$\alpha(t)$为任意函数，但$\alpha(t_0)=\alpha(t_1)=0$. 用$S$和$S'$表示对真实运动与可能运动的哈密顿作用，相应的动能为T和T'，势函数为V和V'，则有

$$\begin{aligned}S'-S&=\int_{t_0}^{t_1}\{(T'+V')-(T+V)\}\mathrm{d}t\\&=\int_{t_0}^{t_1}\left\{\frac{1}{2}(\dot{x}+\dot{\alpha})^2-\frac{1}{2}\dot{x}^2+V(x+\alpha)-V(x)\right\}\mathrm{d}t\\&=\int_{t_0}^{t_1}\left\{\frac{1}{2}\dot{\alpha}^2+V(x+\alpha)-V(x)-\alpha\frac{\mathrm{d}V(x)}{\mathrm{d}x}\right\}\mathrm{d}t\end{aligned}$$

将势函数$V(x+\alpha)$展开为泰勒级数

$$V(x+\alpha)=V(x)+\alpha\frac{\mathrm{d}V(x)}{\mathrm{d}x}+\frac{1}{2}\alpha^2\frac{\mathrm{d}^2V(x)}{\mathrm{d}x^2}$$

因此有

$$S'-S=\frac{1}{2}\int_{t_0}^{t_1}\left\{\dot{\alpha}^2+\alpha^2\frac{\mathrm{d}^2V(x)}{\mathrm{d}x^2}\right\}\mathrm{d}t$$

如果在整个力场中有 $\frac{\mathrm{d}^2V}{\mathrm{d}x^2}\geqslant 0$，则 $S'-S>0$，因此哈密顿作用量对真实运动来说是取极小值的.

对于一般问题，我们有如下结论：如果积分区间充分小，那么在定常约束下，哈密顿原理的泛函在真实路径上具有极小值.

2.4.2　拉格朗日原理

1. 非等时变分

前面提到的变分 δ 是指时间不变的变分，即等时变分，但是，在比较真实运动与可能运动的位形时不一定是属于同一时刻的，因此需要考虑非等时变分(全变分). 对于同时变分

$$\delta q=\tilde{q}(t)-q(t) \tag{2.4.9}$$

考虑非同时性，引入参数 ε，两条非常接近的曲线(路径)上的两个点在某一时刻的坐标分别为 $q(\varepsilon,t)$ 和 $\tilde{q}(\varepsilon,t)$，并且时间 t 也是参数 ε 的函数(在等时变分中，t 与参数 ε 无关). 因此，$q(\varepsilon,t)$ 是 ε 的复合函数

$$q=q[\varepsilon,t(\varepsilon)] \tag{2.4.10}$$

上式对 ε 求全变分 Δq

$$\Delta q=\frac{\partial q[\varepsilon,t(\varepsilon)]}{\partial\varepsilon}\mathrm{d}\varepsilon+\frac{\partial q[\varepsilon,t(\varepsilon)]}{\partial t}\cdot\frac{\partial t(\varepsilon)}{\partial\varepsilon}\mathrm{d}\varepsilon \tag{2.4.11}$$

上式中的第一项是不考虑时间 t 与参数 ε 的函数关系的等时变分；第二项中的 $\frac{\partial t(\varepsilon)}{\partial\varepsilon}\mathrm{d}\varepsilon$ 表示时间 t 对参数 ε 的变分，即

$$\Delta t=\frac{\partial t(\varepsilon)}{\partial\varepsilon}\mathrm{d}\varepsilon$$

Δt 是时间的任意可微无限小函数. 因此，$q(\varepsilon,t)$ 的全变分可以记为

$$\Delta q=\delta q+\dot{q}(t)\Delta t \tag{2.4.12}$$

很显然，对于任何函数(2.4.12)均是正确的. 即

$$\Delta f=\delta f+\dot{f}\Delta t \tag{2.4.13}$$

特别地

$$\Delta\dot{q}=\delta\dot{q}+\ddot{q}\Delta t \tag{2.4.14}$$

对时间求一阶导数

$$\frac{\mathrm{d}}{\mathrm{d}t}(\Delta f)=\frac{\mathrm{d}}{\mathrm{d}t}(\delta f)+\ddot{f}\Delta t+\dot{f}\frac{\mathrm{d}}{\mathrm{d}t}(\Delta t) \tag{2.4.15}$$

由此可见，$\Delta\dot{f}=\frac{\mathrm{d}}{\mathrm{d}t}(\Delta f)-\dot{f}\frac{\mathrm{d}}{\mathrm{d}t}(\Delta t)$，运算$\Delta$与d是不可交换的，对积分的全变分有

$$\Delta\int_{t_0}^{t_1}F\mathrm{d}t=\int_{t_0}^{t_1}\left(\Delta F+F\frac{\mathrm{d}}{\mathrm{d}t}(\Delta t)\right)\mathrm{d}t \tag{2.4.16}$$

关于非等时变分，读者可进一步参考文献[8].

2．拉格朗日原理的表述

动能的2倍在时间t_0至t_1上的积分

$$W=\int_{t_0}^{t_1}2T\mathrm{d}t \tag{2.4.17}$$

称为拉格朗日意义下的作用量.

我们研究受定常约束的完整力学系统，且广义力为有势力，则在运动过程中系统的总机械能保持为常数h

$$T+V=h \tag{2.4.18}$$

这个关系式在联结真实路径上两固定位置$q_s^{(0)}$和$q_s^{(1)}$的所有邻近路径上成立. 既然条件(2.4.18)是对系统在运动中加在点的速度上的某个限制，那么，把与真实路径上的位形q_s相应的邻近路径上的位形q_s^*认为属于同一时刻就不对了. 具体地说，不可要求系统沿邻近路径由初始位置到终止位置的过渡和沿真实路线在同一时间间隔t_1-t_0内完成. 于是，条件(2.4.18)必须用非等时变分，故有

$$\Delta(T+V)=\delta(T+V)+\frac{\mathrm{d}(T+V)}{\mathrm{d}t}\Delta t=\delta(T+V)+0=\delta h=0 \tag{2.4.19}$$

对于完整系统的拉格朗日原理表述为：在系统的两个固定位置之间，拉格朗日作用量在真实路径上具有同一总机械能常数的邻近路径上相比较而有稳定值. 拉格朗日原理的数学表达式为

$$\Delta W=\Delta\int_{t_0}^{t_1}2T\mathrm{d}t=0 \tag{2.4.20}$$

拉格朗日原理的条件是：①约束为双面、理想、定常、完整的，广义力是有势的；②可比较的运动具有同样的能量常数h，$\Delta h=0$；③在端点坐标的非等时变分等于零.

$$(\Delta q_j)\big|_{t=t_0}=0,\quad (\Delta q_j)\big|_{t=t_1}=0 \tag{2.4.21}$$

3. 拉格朗日原理的其他形式

拉格朗日原理(2.4.20)可以有多种表达形式，其中有的形式在数学上极其简明，在物理上极具概括性.

因动能$T=\sum_{i=1}^{N}\frac{1}{2}m_i\boldsymbol{v}_i^2$，而$\boldsymbol{v}_i=\frac{\mathrm{d}\boldsymbol{s}_i}{\mathrm{d}t}$，其中$\mathrm{d}\boldsymbol{s}_i$为第$i$个质点在笛卡儿参考系中运动的路径弧元矢量. 于是有

$$W=\int_{t_0}^{t_1}\left(\sum_{i=1}^{N}m_i\boldsymbol{v}_i^2\right)\cdot\mathrm{d}t=\sum_{i=1}^{N}\int_{t_0}^{t_1}m_i\boldsymbol{v}_i^2\cdot\mathrm{d}t=\sum_{i=1}^{N}\int_{s_{t_0}}^{s_{t_1}}m_i\boldsymbol{v}_i\cdot\mathrm{d}\boldsymbol{s}_i \tag{2.4.22}$$

这就是拉格朗日原理的马保梯(Maupertuis)形式. 它表明，拉格朗日作用量乃是系统中各质点的动量沿其路径所做的“功”之和.

【人物简介】

皮埃尔·路易斯·马保梯(Pierre-Louis Moreau de Maupertuis,1698～1759)，法国科学家，他以发现最小作用量原理而闻名. 1723 年，成为法国科学院院士. 他在数学、地理学、哲学、生物学、天文学和宇宙学等领域发表许多成果.

动能$T=\sum\frac{1}{2}m_i\boldsymbol{v}_i^2$，可以表示为

$$T=\sum_{i=1}^{N}\frac{1}{2}m_i\boldsymbol{v}_i^2=\sum_{i=1}^{N}\frac{1}{2}m_i\boldsymbol{v}_i\cdot\boldsymbol{v}_i=\sum_{i=1}^{N}\frac{1}{2}m_i\dot{\boldsymbol{r}}_i\cdot\dot{\boldsymbol{r}}_i \tag{2.4.23}$$

考虑式(1.2.7)，上式有

$$T=\frac{1}{2}\sum_{i=1}^{N}m_i\left(\sum_{j=1}^{n}\sum_{k=1}^{n}\frac{\partial\boldsymbol{r}_i}{\partial q_j}\cdot\frac{\partial\boldsymbol{r}_i}{\partial q_k}\dot{q}_j\dot{q}_k+2\sum_{k=1}^{n}\frac{\partial\boldsymbol{r}_i}{\partial q_k}\cdot\frac{\partial\boldsymbol{r}_i}{\partial t}\dot{q}_k+\frac{\partial\boldsymbol{r}_i}{\partial t}\cdot\frac{\partial\boldsymbol{r}_i}{\partial t}\right)$$

动能即可进一步表示为

$$T=T_2+T_1+T_0 \tag{2.4.24}$$

其中，

$$T_2=\frac{1}{2}\sum_{j=1}^{n}\sum_{k=1}^{n}a_{jk}\dot{q}_j\dot{q}_k,\qquad T_1=\sum_{k=1}^{n}\alpha_k\dot{q}_k,\qquad T_0=\frac{1}{2}\alpha_0$$

T_2是广义速度的二次齐次式，T_1是广义速度的一次齐次式，T_0是广义速度的零次齐次式. 这样，质点系的动能可看成是由以上三种不同次的广义速度的代数齐次式构成. 其中，

$$a_{jk}=\sum_{i=1}^{N}m_i\frac{\partial\boldsymbol{r}_i}{\partial q_j}\cdot\frac{\partial\boldsymbol{r}_i}{\partial q_k},\qquad \alpha_k=\sum_{i=1}^{N}m_i\frac{\partial\boldsymbol{r}_i}{\partial q_k}\cdot\frac{\partial\boldsymbol{r}_i}{\partial t},\qquad \alpha_0=\sum_{i=1}^{N}m_i\frac{\partial\boldsymbol{r}_i}{\partial t}\cdot\frac{\partial\boldsymbol{r}_i}{\partial t}$$

现在设法消去 W 中的时间变元. 根据假设，T 为广义力的二次齐次式

$$T = T_2 = \frac{1}{2}\sum_{j=1}^{n}\sum_{k=1}^{n} a_{jk}\dot{q}_j\dot{q}_k \tag{2.4.25}$$

又

$$2T = 2(h - V)$$

故有

$$\mathrm{d}t = \left(\sum_{j=1}^{n}\sum_{k=1}^{n} a_{jk}\mathrm{d}q_j\mathrm{d}q_k\right)^{1/2} \Bigg/ \sqrt{2(h-V)} \tag{2.4.26}$$

将上式代入式(2.4.17)，于是有

$$W = \int_A^B \sqrt{2(h-V)}\left(\sum_{j=1}^{n}\sum_{k=1}^{n} a_{jk}\mathrm{d}q_j\mathrm{d}q_k\right)^{1/2} \tag{2.4.27}$$

这就是拉格朗日原理的雅可比形式，利用它可直接求出系统的运动轨道而不涉及时间变量.

引进度规

$$(\mathrm{d}s)^2 = \sum_{j=1}^{n}\sum_{k=1}^{n} a_{jk}\mathrm{d}q_j\mathrm{d}q_k \tag{2.4.28}$$

则动能(2.4.24)可以写为

$$T = \frac{1}{2}\left(\frac{\mathrm{d}s}{\mathrm{d}t}\right)^2 \tag{2.4.29}$$

即系统的动能等于表现点在以 $\left\| a_{jk} \right\|$ 为黎曼(Riemann)度规的广义坐标位形空间内运动的动能. 于是拉格朗日作用量为

$$W = \int_A^B \sqrt{2(h-V)}\mathrm{d}s \tag{2.4.30}$$

如改变黎曼度规的取法，令

$$(\mathrm{d}s)^2 = \sum_{j=1}^{n}\sum_{k=1}^{n} (h-V)a_{jk}\mathrm{d}q_j\mathrm{d}q_k \tag{2.4.31}$$

则拉格朗日作用量可取为

$$W = \int_A^B \mathrm{d}s \tag{2.4.32}$$

它代表表现点的弧长，拉格朗日原理此时表现为黎曼短程线.

【人物简介】

伯恩哈德·黎曼(Bernhard Riemann，1826 ~ 1866)，生于德国，卒于意大利. 黎曼几何的思想对现代理论物理学的发展产生了深远的影响. 他通过定义我们现在所称的黎曼积分来澄清积分的概念. 黎曼的博士论文研究了复变量理论，特别是我们现在所说的黎曼曲面. 他将拓扑方法引入到复函数理论中，还研究了解析函数的几何性质、共形映射和曲面的连通性.

4. 由拉格朗日原理推导拉格朗日方程

利用式(2.4.16)，拉格朗日原理(2.4.20)可写为

$$\int_{t_0}^{t}\left\{\Delta(2T)+2T\frac{\mathrm{d}}{\mathrm{d}t}(\Delta t)\right\}\mathrm{d}t=0 \tag{2.4.33}$$

由于

$$\Delta(2T)=\Delta(2T-h)=\Delta L=\sum_{j=1}^{n}\left(\frac{\partial L}{\partial q_j}\Delta q_j+\frac{\partial L}{\partial \dot{q}_j}\Delta\dot{q}_j\right) \tag{2.4.34}$$

考虑式(2.4.14)和式(2.4.15)，上式改写为

$$\Delta L=\sum_{j=1}^{n}\left\{\frac{\partial L}{\partial q_j}\Delta q_j+\frac{\partial L}{\partial \dot{q}_j}\left[\frac{\mathrm{d}}{\mathrm{d}t}(\Delta q_j)-\dot{q}_j\frac{\mathrm{d}}{\mathrm{d}t}(\Delta t)\right]\right\} \tag{2.4.35}$$

根据

$$\frac{\partial L}{\partial \dot{q}_j}\left[\frac{\mathrm{d}}{\mathrm{d}t}(\Delta q_j)\right]=\frac{\mathrm{d}}{\mathrm{d}t}\left(\frac{\partial L}{\partial \dot{q}_j}\Delta q_j\right)-\frac{\mathrm{d}}{\mathrm{d}t}\left(\frac{\partial L}{\partial \dot{q}_j}\right)\Delta q_j$$

式(2.4.35)改写为

$$\Delta L=\sum_{j=1}^{n}\left(\frac{\partial L}{\partial q_j}-\frac{\mathrm{d}}{\mathrm{d}t}\frac{\partial L}{\partial \dot{q}_j}\right)\Delta q_j+\frac{\mathrm{d}}{\mathrm{d}t}\left(\sum_{j=1}^{n}\frac{\partial L}{\partial \dot{q}_j}\Delta q_j\right)-\sum_{j=1}^{n}\frac{\partial L}{\partial \dot{q}_j}\dot{q}_j\frac{\mathrm{d}}{\mathrm{d}t}(\Delta t) \tag{2.4.36}$$

式(2.4.33)第二项，有

$$2T\frac{\mathrm{d}}{\mathrm{d}t}(\Delta t)=\sum_{j=1}^{n}\frac{\partial T}{\partial \dot{q}_j}\dot{q}_j\frac{\mathrm{d}}{\mathrm{d}t}(\Delta t)=\sum\frac{\partial L}{\partial \dot{q}_j}\dot{q}_j\frac{\mathrm{d}}{\mathrm{d}t}(\Delta t)$$

注：$2T=\sum\limits_{j=1}^{n}\frac{\partial T}{\partial \dot{q}_j}\dot{q}_j$，可以根据拉格朗日方程首次积分得到，详见文献[9].

于是式(2.4.33)可写为

$$\int_{t_0}^{t_1}\sum_{j=1}^{n}\left(\frac{\partial L}{\partial q_j}-\frac{\mathrm{d}}{\mathrm{d}t}\frac{\partial L}{\partial \dot{q}_j}\right)\Delta q_j\mathrm{d}t+\left(\sum_{j=1}^{n}\frac{\partial L}{\partial \dot{q}_j}\Delta q_j\right)\Bigg|_{t_0}^{t_1}=0 \tag{2.4.37}$$

考虑到端点条件t_0-t_1的任意性及Δq_j的独立性，得到拉格朗日方程

$$\frac{\partial L}{\partial q_j}-\frac{\mathrm{d}}{\mathrm{d}t}\frac{\partial L}{\partial \dot{q}_j}=0 \quad (j=1,2,\cdots,\ n) \tag{2.4.38}$$

方程(2.4.38)称为完整保守系统的第二类拉格朗日方程，$\frac{\partial L}{\partial \dot{q}_j}$称为广义动量，$\frac{\partial L}{\partial q_j}$称为拉格朗日力. 对于完整保守系统，广义动量对时间的变化率在量值上等于系统的拉格朗日力.

2.5　变分原理在近似求解中的应用

2.5.1　微分变分原理在近似求解中的应用

考虑一般的非线性动力学方程

$$m\ddot{x}=F(t,x,\dot{x}) \tag{2.5.1}$$

其中，m为质点的质量，F为作用在质点上的力，假设

$$x(t)=\sum_{k=1}^{n}\alpha_k f_k(t) \tag{2.5.2}$$

为式(2.5.1)的近似解，其中$f_k(t)$是线性独立的函数组，α_k为待定常数.

一般说来，$x(t)$不会精确满足式(2.5.1)，为此有误差

$$m\ddot{x}-F(t,x,\dot{x})=R \tag{2.5.3}$$

为使该误差尽可能地小，可以用各种途径进行处理，如取式(2.5.3)在$[0,\tau]$中的均方差最小，则有

$$\delta\int_0^{\tau}\{m\ddot{x}-F(t,x,\dot{x})\}^2\mathrm{d}t=0 \tag{2.5.4}$$

在变分时采用高斯变分，则得高斯原理

$$\int_0^{\tau}\{m\ddot{x}-F(t,x,\dot{x})\}\delta\ddot{x}\mathrm{d}t=0 \tag{2.5.5}$$

将式(2.5.2)代入式(2.5.5)，则得

$$\int_0^{\tau}\left\{m\sum_{k=1}^{n}a_k\ddot{f}_k-F(t,x,\dot{x})\right\}\ddot{f}_k\mathrm{d}t=0 \tag{2.5.6}$$

从而解除k个常数α_k.

2.5.2　积分变分原理在近似求解中的应用

我们讨论基于哈密顿原理的瑞利-里茨(Rayleigh-Ritz)法.

考虑哈密顿作用量的极值. 边界条件为 $q_j(t_1)=q_{j1}$， $q_j(t_2)=q_{j2}(j=1,2,\cdots,f)$，瑞利-里茨法如下.

(1) 选择函数 $\omega_{j0}(t)$，使其满足广义坐标的边界条件，再取一组函数序列 $\omega_{j1}(t)$, $\omega_{j2}(t)$, $\cdots$, $\omega_{jN}(t)$, $\cdots$ ，使其满足边界条件： $\omega_{jk}(t_1)=\omega_{jk}(t_2)=0$ $(j=1,2,\cdots,f;\ k=1,2,\cdots,N)$.

(2) 设广义坐标为上述基函数的线性组合

$$q_j(t)=\omega_{j0}(t)+\sum_{i=1}^{N}\alpha_{ji}\omega_{ji}(t) \tag{2.5.7}$$

式中， α_{ji} 为待定常数.

(3) 将式(2.5.7)代入哈密顿作用量，可得

$$S=S(\alpha_{11},\cdots,\alpha_{fN}) \tag{2.5.8}$$

(4) 选定 α_{jk} ,使 S 达极值，相当于多元函数取极值.

例 2.5.1　设系统的拉格朗日函数 $L=\dfrac{1}{2}(\dot{x}^2-x^2)$,质点在 t=0 时 x=0, t=1 时 x=1，试用哈密顿原理和瑞利-里茨法求质点的运动规律.

解　系统的哈密顿作用量

$$S=\frac{1}{2}\int_0^1(\dot{x}^2-x^2)\mathrm{d}t$$

选择

$$x=t-at(1-t)$$

将上式代入哈密顿作用量，则得

$$S=\frac{1}{3}+\frac{1}{12}a+\frac{3}{20}a^2$$

令 $\dfrac{\partial S}{\partial a}=0$，即取极小值，解出 $a=-\dfrac{5}{18}$，则近似解为

$$x^*=t+\frac{5}{18}t(1-t)$$

若选择

$$x=t+pt(1-t^2)$$

则求得

$$p=\frac{7}{38}$$

而近似解为

$$x^{**}=t+\frac{7}{38}t(1-t^2)$$

系统的精确解为

$$x=\frac{\sin t}{\sin 1}$$

近似解的精确性比较如表 2.5.1 所示，由此可见基函数的选择对精确度影响很大.

表 2.5.1 近似解与精确解对比

t	精确解 x	近似解 x^{**}	近似解 x^{*}
0.1	0.1186	0.1182	0.1250
0.2	0.2361	0.2354	0.2444
0.4	0.4628	0.4619	0.4667
0.6	0.6710	0.6707	0.6667
0.8	0.8525	0.8530	0.8444
1.0	1	1	1

例 2.5.2 如图 2.5.1 所示，一质量为 m 的小球用弹簧系住构成弹性单摆. 已知弹簧的刚度系数为 k，自然长度为 r_0. 试用哈密顿原理建立小球的运动微分方程.

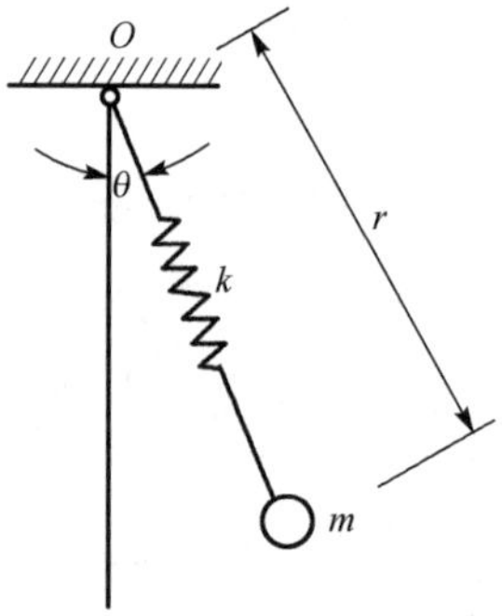

图 2.5.1 弹性单摆

解 系统具有两个自由度 r 和 θ，系统的动能和势能分别为

$$T=\frac{m}{2}(\dot{r}^2+r^2\dot{\theta}^2),\qquad V=-mgr\cos\theta+\frac{k}{2}(r-r_0)^2$$

则系统的拉格朗日函数为

$$L = T - V = \frac{m}{2}(\dot{r}^2 + r^2\dot{\theta}^2) + mgr\cos\theta - \frac{k}{2}(r - r_0)^2$$

将其代入哈密顿原理表达式

$$0 = \delta\int_{t_1}^{t_2} L\mathrm{d}t = \delta\int_{t_1}^{t_2}\left[\frac{m}{2}(\dot{r}^2 + r^2\dot{\theta}^2) + mgr\cos\theta - \frac{k}{2}(r - r_0)^2\right]\mathrm{d}t$$

$$= \int_{t_1}^{t_2}[m(\dot{r}\delta\dot{r} + r\dot{\theta}^2\delta r + r^2\dot{\theta}\delta\dot{\theta}) + mg\cos\theta\delta r - mgr\sin\theta\delta\theta - k(r - r_0)\delta r]\mathrm{d}t$$

根据

$$\int_{t_1}^{t_2}\dot{r}\delta\dot{r}\mathrm{d}t = -\int_{t_1}^{t_2}\ddot{r}\delta r\mathrm{d}t$$

$$\int_{t_1}^{t_2} r^2\dot{\theta}\delta\dot{\theta}\mathrm{d}t = \int_{t_1}^{t_2} r^2\dot{\theta}\delta\frac{\mathrm{d}\theta}{\mathrm{d}t}\mathrm{d}t = \int_{t_1}^{t_2} r^2\dot{\theta}\mathrm{d}\delta\theta$$

$$= r^2\dot{\theta}\delta\theta\Big|_{t_1}^{t_2} - \int_{t_1}^{t_2}\delta\theta\mathrm{d}(r^2\dot{\theta}) = -\int_{t_1}^{t_2}(2r\dot{r}\dot{\theta} + r^2\ddot{\theta})\delta\theta\mathrm{d}t$$

则上式可以转换为

$$\int_{t_1}^{t_2}[m(-\ddot{r} + r\dot{\theta}^2) + mg\cos\theta - k(r - r_0)]\delta r\mathrm{d}t + \int_{t_1}^{t_2}[-m(2r\dot{r}\dot{\theta} + r^2\ddot{\theta}) - mgr\sin\theta]\delta\theta\mathrm{d}t = 0$$

于是可得系统的运动微分方程为

$$\begin{cases} m(-\ddot{r} + r\dot{\theta}^2) + mg\cos\theta - k(r - r_0) = 0 \\ -m(2r\dot{r}\dot{\theta} + r^2\ddot{\theta}) - mgr\sin\theta = 0 \end{cases}$$

上式弹簧摆运动微分方程中未作小摆角假设，因此可以用来研究弹簧摆的大摆角运动，但是难以求出解析解，接下来采用数值计算结果画出弹簧摆的大摆角运动轨迹.

令 $y_1 = r$，$y_2 = \frac{\mathrm{d}r}{\mathrm{d}t}$，$y_3 = \theta$，$y_4 = \frac{\mathrm{d}\theta}{\mathrm{d}t}$，则运动微分方程变为

$$\dot{Y} = \begin{bmatrix}\dot{y}_1\\ \dot{y}_2\\ \dot{y}_3\\ \dot{y}_4\end{bmatrix} = \begin{bmatrix}\dot{r}\\ \ddot{r}\\ \dot{\theta}\\ \ddot{\theta}\end{bmatrix} = \begin{bmatrix} y_2 \\ y_1{y_4}^2 + g\cos y_3 - \frac{k}{m}(y_1 - r_0) \\ \dot{y}_3 \\ -\frac{2y_2y_4}{y_1} + \frac{g}{y_1}\sin y_3 \end{bmatrix}$$

接下来通过一个简单的 MATLAB 程序模拟弹簧运动，其中主程序的文件名为 thb.m.

```
function thb
theta0=pi/10; %初始角度，可设不同的值
 m=1;k=80;g=9.8;
```

```
L0=1; %弹簧原来长度
L=L0+m*g/k; %弹簧静止时长度
[t,u1]=ode45(@thbfun,[0:0.005:50],[L0 0 theta0 0])
plot(u1(:,3),-u1(:,1))
title('弹簧小球的非线性运动轨迹','color','b')
xlabel('X');ylabel('Y')
```

函数文件是一个独立的文件，文件名为 thbfun.m.

```
function Y = thbfun(t,u)
  Y = [y(2);
      y(1)*y(4)^2 + g*cos(y(3)) - k/m*(y(1) - L + m*g/k);
      y(4);
      -2*y(2)*y(4)/y(1) - g*sin(y(3))/y(1)];
```

运行结果如图 2.5.2 所示.

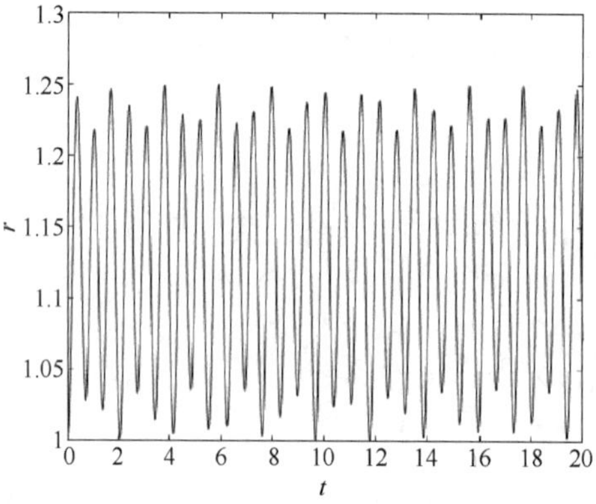

(a) 弹簧位移–时程曲线

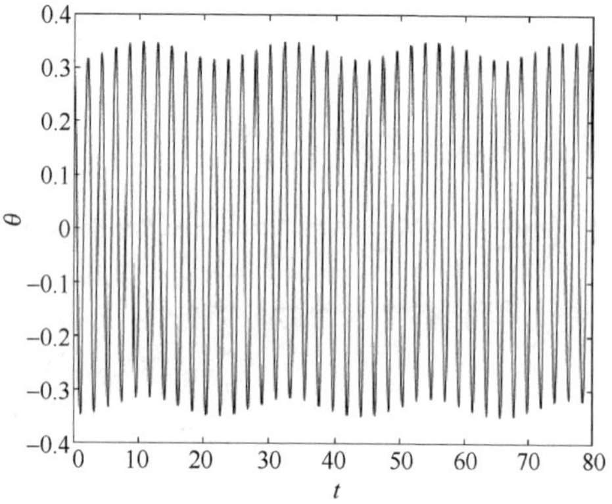

(b) 摆角–时程曲线

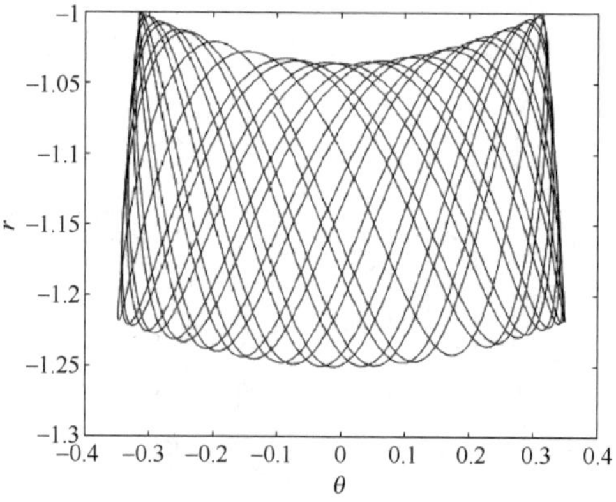

(c) 弹簧摆运动轨迹

图 2.5.2　弹簧摆运动时程与轨迹

2.6 拓展阅读

本小节对前述的分析力学中的重要变分原理的发展脉络做简要论述.

达朗贝尔在 1743 年出版的《动力学》一书中将牛顿运动定律推广为受约束物体的运动定律，这就是著名的达朗贝尔原理. 拉格朗日在其著作中认为，达朗贝尔的《动力学》把所有学术挑战最终归于一类，其中提供了一个直接和普遍的方法去解或至少去列写人们能够想到的动力学所有问题的方程. 这个方法把物体运动的所有定律归为其平衡方程，也将动力学归为静力学. 拉格朗日在其不朽著作《分析力学》中提出分析静力学的重要原理——虚位移原理，进而得到动力学普遍方程(达朗贝尔-拉格朗日原理)的原型.

高斯在 1829 年发表的分析力学方面的唯一工作《论力学的一个新的普遍原理》，被后人称为高斯原理，又称最小拘束原理. 高斯原理是分析动力学的基础，不仅具有理论上的普遍性，而且还有很大的实用价值. 在现代机器人的设计和分析中，以及在电子计算机中均有重要应用. 茹尔丹在论文《关于依赖于变分过程的那些力学原理》和《与高斯最小约束原理类似的注解》中给出一类微分变分原理，后人称之为茹尔丹原理. 茹尔丹原理中变分是速度的变分，不仅可推导完整力学系统的运动微分方程，也可用于非完整力学系统，被认为是非完整力学的基础. 罗马尼亚学者曼格伦和德莱努于 1962 年提出万有达朗贝尔原理，该原理是最一般的微分变分原理，当高阶速度空间中的阶数退化后，分别取 0、1 和 2 时得到达朗贝尔-拉格朗日原理、茹尔丹原理和高斯原理.

拉格朗日原理亦称为最小作用量原理和马保梯原理，最早由马保梯于 1744 年提出，拉格朗日于 1760 年给出质点系的最小作用量原理的证明，因此后人亦称为拉格朗日原理. 拉格朗日原理没有哈密顿原理那样应用普遍，但它是分析力学之母，哈密顿原理正是在最小作用量原理基础上建立的. 哈密顿原理可以导出力学所有的基本定理和运动方程，不仅适用于完整、保守体系，而且可推广到非保守体系和非完整体系. 经典力学理论的哈密顿形式在物理学的其他领域中应用极为广泛，而且是经典力学向量子力学过渡的桥梁. 在正则方程基础上建立的哈密顿-雅可比方程，提供了一个解决动力学问题的新方法，曾经是量子力学建立以前研究原子物理学的主要方法.

前述微分变分原理，既适用于完整系统，也适用于非完整系统，其形式完全一样. 对于哈密顿原理是一个严格意义下的积分变分原理，可表达为泛函(作用量)的变分为零，而对完整非有势系统及非完整系统，则不能表达为泛函驻值问题. 积分变分原理的建立对力学的发展，无论是近代还是现代，无论在理论还是应用上都具有重要意义.

另外，赵跃宇提出了一类新型积分变分原理[10]，不同于哈密顿原理和拉格朗日原理，不是在通常位形空间中，而是在高阶速度空间中讨论. 这个积分变分原理既可应用于非保守系统,又可应用于非完整系统，并且在理论上包含了经典的哈密顿最小作用量原理，从而比较完满地解决了变分原理的推广问题.

习　题

2.1　如题 2.1 图所示椭圆规机构中，连杆 AB 长为 l，滑块 A、B 与杆重均不计，忽略各处摩擦，机构在图示位置平衡. 求主动力 F_A 与 F_B 之间的关系.

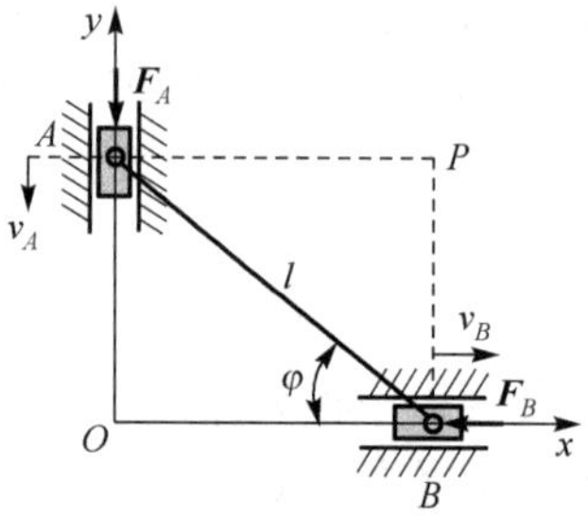

题 2.1 图

2.2　由 AB、CD、DE 三杆组成的系统中，$\overline{AC}=\overline{CD}=\overline{DE}$. 今在三杆上分别作用一力偶，并在如题 2.2 图所示位置平衡. 已知 M_1，求 M_2 和 M_3(各杆的质量不计).

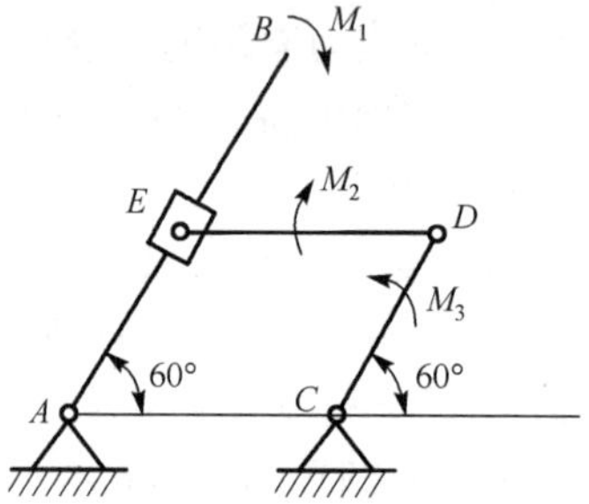

题 2.2 图

2.3　如题 2.3 图所示，已知均质杆 A_1B_1 和 A_2B_2 杆重为 P_1 和 P_2，不计各处摩擦，试用虚位移原理求平衡时 α、β 角应满足的关系.

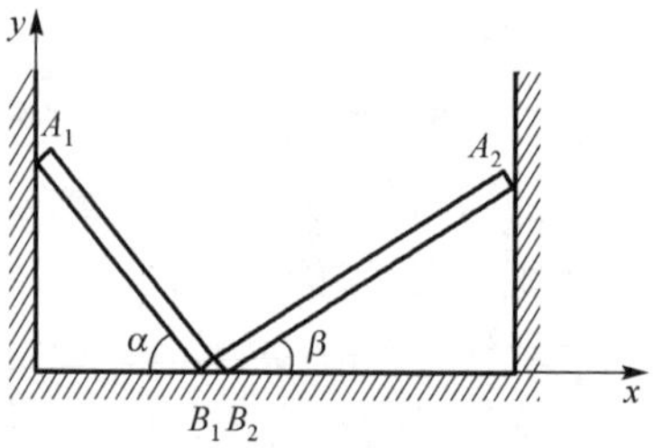

题 2.3 图

2.4　如题 2.4 图所示结构，各杆自重不计，C、G 两点连接一弹簧，弹簧的刚度系数为 k，在 G 点作用了一个铅直向上的力 F，$\overline{AC}=\overline{CE}=\overline{CD}=\overline{CB}=\overline{DG}=\overline{GE}=L$，试用虚位移原理求支座 B 的水平约束力.

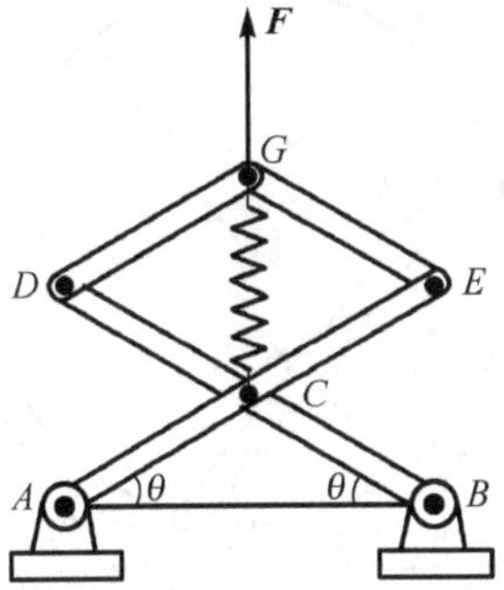

题 2.4 图

2.5　一质量为 m 的质点在一平面的位置方程为

$$x=a(\theta-\sin\theta),\qquad y=a(1+\cos\theta)$$

的摆线形状的金属线上做无摩擦滑动，式中 a 为常数，$0\leqslant\theta\leqslant 2\pi$，如题 2.5 图所示. 试用哈密顿原理求其运动微分方程.

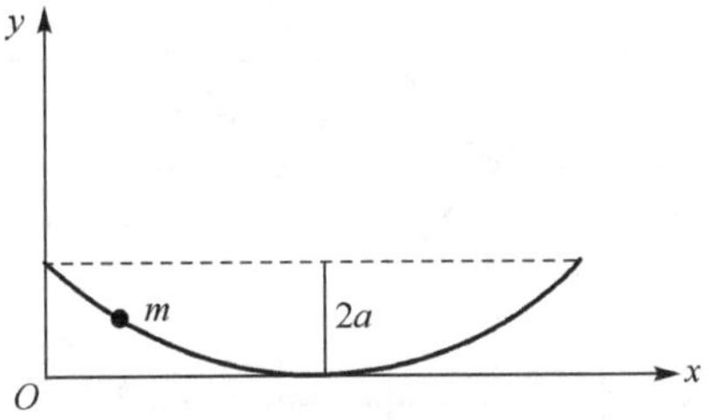

题 2.5 图

2.6　如题 2.6 图所示，试用哈密顿原理列出均质梁的运动微分方程. 设 ρ 为梁的单位长度质量，EI 为梁的截面抗弯刚度.

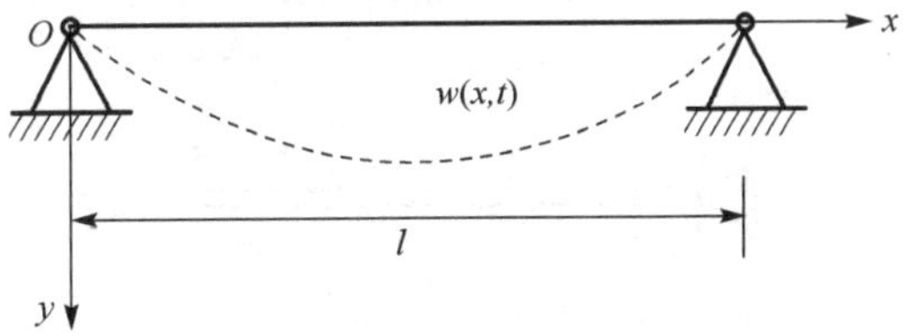

题 2.6 图

2.7　动物园要进行猴子杂技表演，驯猴师设计了如下装置：在铅垂面内固定一个带有光滑滑槽，半径为 R 的圆环，取一根重为 P、长为 $l=\sqrt{3}R$ 的均质刚性杆 AB 放置在圆环滑槽内，以便重为 Q 的猴子沿杆行走，已知 $P=2Q$. 如题 2.7 图所示，试求猴子处于距杆 AB 的端点 A 的距离为 d 时，杆的平衡位置(用杆 AB 与水平线的夹角 θ 表示).

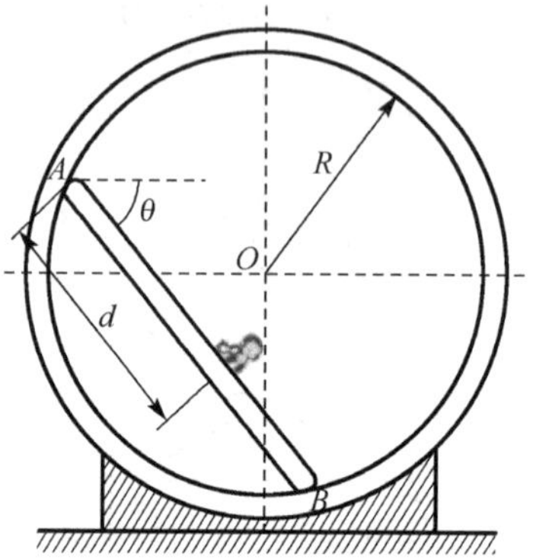

题 2.7 图

2.8　桁架的杆件内力可以应用节点法、截面法以及虚位移原理进行求解，如题 2.8 图所示，静定平面桁架由水平杆、竖直杆和 45°斜杆组成，在 B 处受固定铰支座约束，A、C 两处由可水平运动的铰支座支承. 桁架上作用了三个大小同为 F 的荷载，试计算杆 DH 和 BE 的内力.

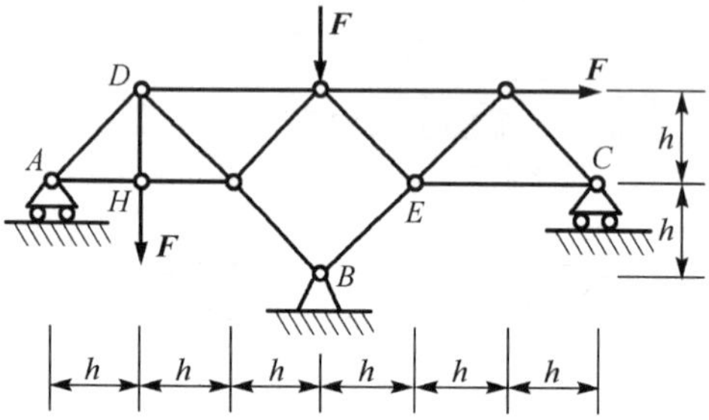

题 2.8 图

2.9　如题 2.9 图所示，均质杆 OA 重 P，长 l，A 端系以刚度系数为 k 的弹簧. 杆在水平位置平衡. 试用哈密顿原理建立杆做微幅振动的运动微分方程.

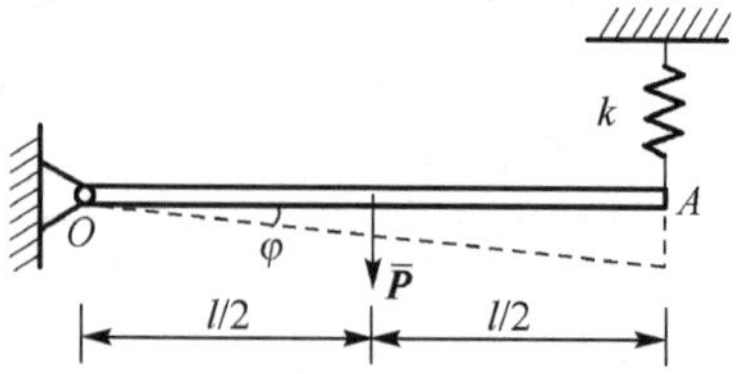

题 2.9 图

2.10　如题 2.10 图所示，均质圆柱体半径为 r，重 P，在半径为 R 的固定圆柱面内只滚不滑，试由哈密顿原理求物体的振动微分方程.

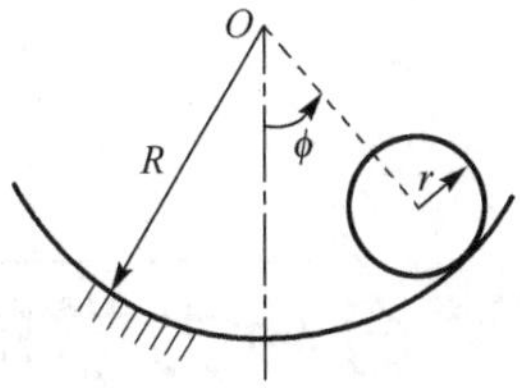

题 2.10 图

2.11　如题 2.11 图所示，与刚度系数为 k 的弹簧相连的滑块 A，质量为 m_1，可在光滑水平面上滑动. 滑块 A 上又连一单摆，摆长为 l，摆锤质量为 m_2，试由哈密顿原理求物体的振动微分方程.

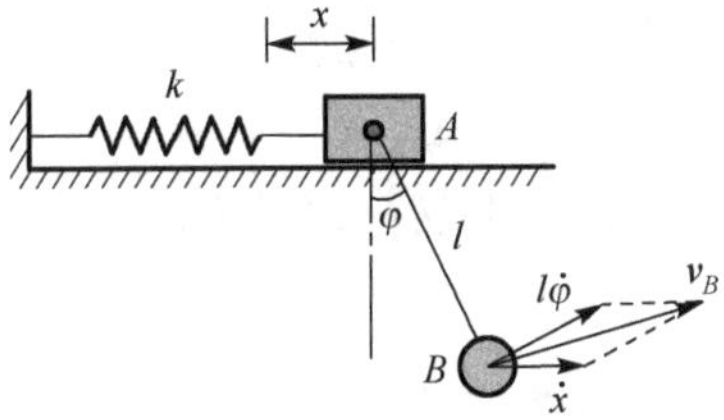

题 2.11 图

第 3 章 分析力学的运动微分方程

所有力学系统的运动微分方程均可从变分原理出发推导出来，我们已在第 2 章中介绍过从哈密顿最小作用量原理与拉格朗日原理出发的讨论. 本章我们讨论从微分变分原理出发推导拉格朗日方程以及包括尼尔森方程和阿佩尔方程等的其他方程. 这些方程的推导将有助于针对工程问题建立相应的运动微分方程，从而根据给定的条件和计算工具解决工程实际问题.

3.1 拉格朗日方程

3.1.1 拉格朗日方程的数学形式

拉格朗日方程包括第一类拉格朗日方程和第二类拉格朗日方程，它们的现代形式由法国数学家贝特朗(Bertrand)在拉格朗日著作《分析力学》的第一卷注记 6 中给出. 拉格朗日方程不仅是解决力学系统动力学问题的经典方法，在电磁、电力等其他领域更有广泛的应用[11]. 第一类拉格朗日方程将在第 5 章作简要介绍，本节给出第二类拉格朗日方程的推导及简单应用.

讨论由 N 个质点组成的质点系，根据达朗贝尔-拉格朗日原理有

$$\sum_{i=1}^{N}(m_i\ddot{\boldsymbol{r}}_i-\boldsymbol{F}_i)\cdot\delta\boldsymbol{r}_i=0 \tag{3.1.1}$$

引入对于完整系统的广义坐标 $q_1,q_2,\cdots,q_n$，考虑式(2.1.4)，则式(3. 1.1)可以写成

$$\sum_{j=1}^{n}\left[\sum_{i=1}^{N}m_i\ddot{\boldsymbol{r}}_i\cdot\frac{\partial\boldsymbol{r}_i}{\partial q_j}-\sum_{i=1}^{N}\boldsymbol{F}_i\cdot\frac{\partial\boldsymbol{r}_i}{\partial q_j}\right]\cdot\delta q_j=0 \tag{3.1.2}$$

由于 $\sum_{i=1}^{N}\boldsymbol{F}_i\cdot\frac{\partial\boldsymbol{r}_i}{\partial q_j}=Q_j$，即为式(2.1.6)所示的广义力. 引入广义惯性力

$$Q_j^{\mathrm{G}}=\sum_{i=1}^{N}m_i\ddot{\boldsymbol{r}}_i\cdot\frac{\partial\boldsymbol{r}_i}{\partial q_j} \tag{3.1.3}$$

则式(3.1.2)可写为

$$\sum_{j=1}^{n}(Q_j^{\mathrm{G}}+Q_j)\cdot\delta q_j=0 \tag{3.1.4}$$

考虑到完整系统广义坐标的独立性，则由式(3.1.4)得

$$Q_j^{\mathrm{G}} + Q_j = 0 \quad (j=1, 2, \cdots, n) \tag{3.1.5}$$

这表明：对于受完整、理想、双面约束的力学系统，每一个广义坐标所对应的广义力与广义惯性力构成一组平衡力系. 这一结论我们也可以称之为广义坐标下的达朗贝尔原理.

下面，我们来看式(3.1.5)的应用.

例 3.1.1　如图 3.1.1 所示，不变的水平力作用在均质圆盘的中心而使其沿粗糙的水平地面做纯滚动，求其圆心的加速度.

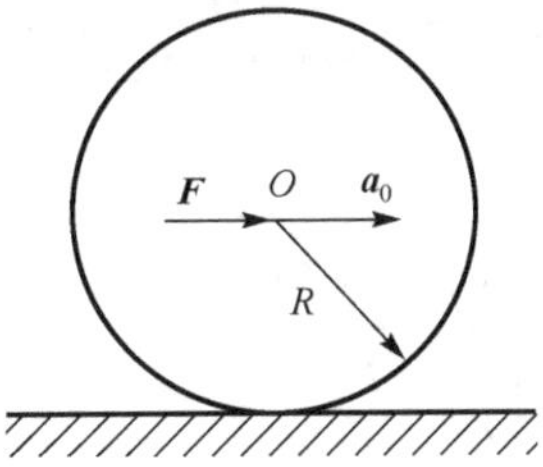

图 3.1.1　纯滚动的圆盘

解　这是一个单自由度系统. 由于圆盘做平面运动，惯性力系向 O 点简化的结果是一个主矢和一个主矩，主矢大小为 Ma_0，主矩为 $J_0 \cdot \varepsilon = J_0 \dfrac{a_0}{R}$，选圆心 O 的水平位移 s 为广义坐标，则有

$$s = R\varphi$$

这里，φ 为圆心水平移动位移 s 时的转角. 由式(3.1.5)有

$$Q = F$$

$$Q^{\mathrm{G}} = -Ma_0 - J_0 \cdot \varepsilon \frac{1}{R}$$

相应的广义力做功

$$Q\delta s = F\delta s$$

$$Q^{\mathrm{G}}\delta s = -Ma_0\delta s - J_0 \cdot \varepsilon \frac{\delta s}{R}$$

从而得

$$F - \frac{3}{2}Ma_0 = 0$$

$$a_0 = \frac{2}{3}\frac{F}{M}$$

例 3.1.2　如图 3.1.2 所示复摆，已知两杆长度相等，重量相同，试建立其运动微分方程.

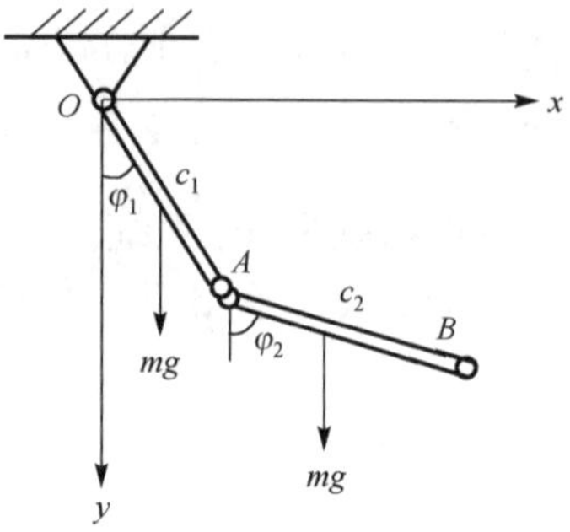

图 3.1.2　复摆

解　此系统为一个二自由度系统，取 φ_1、φ_2 为广义坐标，直角坐标系如图 3.1.2 所示，则有

$$\begin{cases} x_{c_1}=\dfrac{l}{2}\sin\varphi_1 \\ y_{c_1}=\dfrac{l}{2}\cos\varphi_1 \\ x_{c_2}=l\sin\varphi_1+\dfrac{l}{2}\sin\varphi_2 \\ y_{c_2}=l\cos\varphi_1+\dfrac{l}{2}\cos\varphi_2 \end{cases}$$

根据式(2.1.6)广义力的定义有

$$\begin{cases} Q_1=mg\dfrac{\partial y_{c_1}}{\partial\varphi_1}+mg\dfrac{\partial y_{c_2}}{\partial\varphi_1} \\ Q_2=mg\dfrac{\partial y_{c_1}}{\partial\varphi_2}+mg\dfrac{\partial y_{c_2}}{\partial\varphi_2} \end{cases}$$

根据式(3.1.3)广义惯性力的定义，有

$$\begin{cases} Q_1^{\mathrm{G}}=-J_0\ddot{\varphi}_1-m(\ddot{x}_{c_1}\boldsymbol{i}+\ddot{y}_{c_1}\boldsymbol{j})\left(\dfrac{\partial x_{c_1}}{\partial\varphi_1}\boldsymbol{i}+\dfrac{\partial y_{c_1}}{\partial\varphi_1}\boldsymbol{j}\right)-m(\ddot{x}_{c_2}\boldsymbol{i}+\ddot{y}_{c_2}\boldsymbol{j})\left(\dfrac{\partial x_{c_2}}{\partial\varphi_1}\boldsymbol{i}+\dfrac{\partial y_{c_2}}{\partial\varphi_1}\boldsymbol{j}\right) \\ Q_2^{\mathrm{G}}=-J_{c_2}\ddot{\varphi}_2-m(\ddot{x}_{c_1}\boldsymbol{i}+\ddot{y}_{c_1}\boldsymbol{j})\left(\dfrac{\partial x_{c_1}}{\partial\varphi_2}\boldsymbol{i}+\dfrac{\partial y_{c_1}}{\partial\varphi_2}\boldsymbol{j}\right)-m(\ddot{x}_{c_2}\boldsymbol{i}+\ddot{y}_{c_2}\boldsymbol{j})\left(\dfrac{\partial x_{c_2}}{\partial\varphi_2}\boldsymbol{i}+\dfrac{\partial y_{c_2}}{\partial\varphi_2}\boldsymbol{j}\right) \end{cases}$$

这里 $\boldsymbol{i}$ 和 $\boldsymbol{j}$ 分别为 x 和 y 坐标轴的单位向量. 上式简化得

$$\begin{cases} Q_1^{\mathrm{G}}=-J_0\ddot{\varphi}_1-m\ddot{x}_{c_1}\dfrac{\partial x_{c_1}}{\partial\varphi_1}-m\ddot{y}_{c_1}\dfrac{\partial y_{c_1}}{\partial\varphi_1}-m\ddot{x}_{c_2}\dfrac{\partial x_{c_2}}{\partial\varphi_1}-m\ddot{y}_{c_2}\dfrac{\partial y_{c_2}}{\partial\varphi_1} \\ Q_2^{\mathrm{G}}=-J_{c_2}\ddot{\varphi}_2-m\ddot{x}_{c_1}\dfrac{\partial x_{c_1}}{\partial\varphi_2}-m\ddot{y}_{c_1}\dfrac{\partial y_{c_1}}{\partial\varphi_2}-m\ddot{x}_{c_2}\dfrac{\partial x_{c_2}}{\partial\varphi_2}-m\ddot{y}_{c_2}\dfrac{\partial y_{c_2}}{\partial\varphi_2} \end{cases}$$

整理后利用式(3.1.5)可得运动微分方程

$$J_0\ddot{\varphi}_1+\frac{5}{4}ml^2\ddot{\varphi}_1+\frac{1}{2}ml^2\ddot{\varphi}_2\cos(\varphi_1-\varphi_2)+\frac{3}{2}mlg\sin\varphi_1+\frac{1}{2}ml^2\sin(\varphi_1-\varphi_2)\dot{\varphi}_2^2=0$$

$$J_{c_2}\ddot{\varphi}_2+\frac{1}{4}ml^2\ddot{\varphi}_2+\frac{1}{2}ml^2\ddot{\varphi}_1\cos(\varphi_1-\varphi_2)+\frac{1}{2}mlg\sin\varphi_2+\frac{1}{2}ml^2\sin(\varphi_1-\varphi_2)\dot{\varphi}_1^2=0$$

在小振动情形下，忽略高阶项，得到

$$J_0\ddot{\varphi}_1+\frac{5}{4}ml^2\ddot{\varphi}_1+\frac{1}{2}ml^2\ddot{\varphi}_2+\frac{3}{2}mlg\varphi_1=0$$

$$J_{c_2}\ddot{\varphi}_2+\frac{1}{4}ml^2\ddot{\varphi}_2+\frac{1}{2}ml^2\ddot{\varphi}_1+\frac{1}{2}mlg\varphi_2=0$$

注：本例是一个二自由度系统，利用原始的达朗贝尔原理求解时需要建立六个方程，而这里两个方程即可.

广义惯性力学可以用动能对广义坐标的导数来表示. 由式(2.2.17)，则

$$Q_j^{\mathrm{G}}=\frac{\partial T}{\partial q_j}-\frac{\mathrm{d}}{\mathrm{d}t}\frac{\partial T}{\partial \dot{q}_j}=2\frac{\partial T}{\partial q_j}-\frac{\partial T}{\partial \dot{q}_j}=\frac{m+1}{m}\frac{\partial T}{\partial q_j}-\frac{1}{m}\frac{\partial \overset{(m)}{T}}{\partial \overset{(m)}{q}_j} \tag{3.1.6}$$

Q_j^{G} 还可写为用加速度能量表示，则

$$Q_j^{\mathrm{G}}=\frac{\partial S}{\partial \ddot{q}_j} \tag{3.1.7}$$

当取 $Q_j^{\mathrm{G}}=\frac{\partial T}{\partial q_j}-\frac{\mathrm{d}}{\mathrm{d}t}\frac{\partial T}{\partial \dot{q}_j}$ 时，由式(3.1.5)则得

$$\frac{\mathrm{d}}{\mathrm{d}t}\frac{\partial T}{\partial \dot{q}_j}-\frac{\partial T}{\partial q_j}=Q_j \quad (j=1, 2,\cdots, n) \tag{3.1.8}$$

此方程称为第二类拉格朗日方程，也常简称为拉格朗日方程. 拉格朗日方程的使用范围为理想、双面、完整约束的系统.

当系统的主动力为有势力时，广义力用势能 V 的负偏导数表示，即

$$Q_j=-\frac{\partial V}{\partial q_j}$$

代入拉格朗日方程(3.1.8)，则得

$$\frac{\mathrm{d}}{\mathrm{d}t}\left(\frac{\partial (T-V)}{\partial \dot{q}_j}\right)-\frac{\partial (T-V)}{\partial q_j}=0$$

故有用拉格朗日函数表示的拉格朗日方程

$$\frac{\mathrm{d}}{\mathrm{d}t}\left(\frac{\partial L}{\partial \dot{q}_j}\right)-\frac{\partial L}{\partial q_j}=0 \quad (j=1, 2, \cdots, n) \tag{3.1.9}$$

其中，$L=T-V$，当系统同时受有势力和非有势力时，若非有势力为Q_j'，则有

$$\frac{\mathrm{d}}{\mathrm{d}t}\left(\frac{\partial L}{\partial \dot{q}_j}\right)-\frac{\partial L}{\partial q_j}=Q_j' \quad (j=1, 2, \cdots, n) \tag{3.1.10}$$

拉格朗日方程的具体应用如下.

例 3.1.3　如图 3.1.3 所示，一单摆的支点固定在一可沿光滑的水平直线轨道平动的滑块 A 上，其中小球 B 的质量为 m_B，滑块的质量为 m_A，杆长为 l. 试建立该系统的运动微分方程，并进行动力学分析.

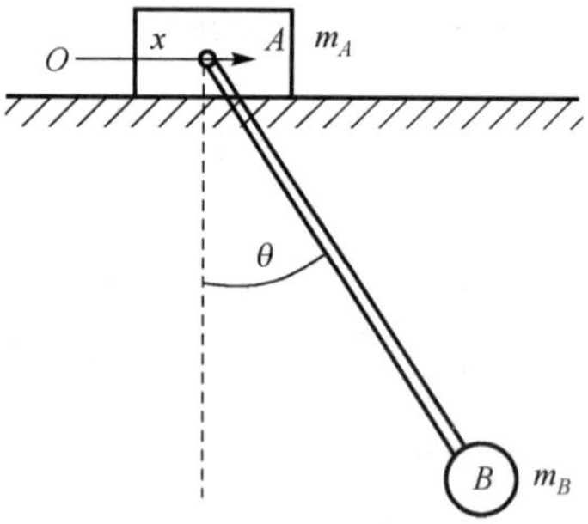

图 3.1.3　滑动摆

解　(1)利用拉格朗日方程建立运动微分方程. 选取广义坐标分别为 x 和 θ，根据拉格朗日方程

$$\frac{\mathrm{d}}{\mathrm{d}t}\left(\frac{\partial L}{\partial \dot{q}_i}\right)-\frac{\partial L}{\partial q_i}=0$$

滑块的动能可表示为

$$T_1=\frac{1}{2}m_A\dot{x}^2$$

小球的动能为

$$T_2=\frac{1}{2}m_B(\dot{x}_B^2+\dot{y}_B^2)=\frac{1}{2}m_B[(\dot{x}+l\dot{\theta}\cos\theta)^2+(l\dot{\theta}\sin\theta)^2]$$

以滑块所在水平线为零势能面，滑块的势能为零，小球的势能为

$$V_2=-m_Bgl\cos\theta$$

有拉格朗日函数

$$L = T - V = \frac{1}{2} m_A \dot{x}^2 + \frac{1}{2} m_B [(\dot{x} + l\dot{\theta}\cos\theta)^2 + (l\dot{\theta}\sin\theta)^2] + m_B g l \cos\theta$$

得滑动摆微分方程组

$$\begin{cases} (m_A + m_B)\ddot{x} + m_B l(\ddot{\theta}\cos\theta - \dot{\theta}^2\sin\theta) = 0 \\ \ddot{x}\cos\theta + l\ddot{\theta} + g\sin\theta = 0 \end{cases}$$

(2) 将动力学方程降阶增维，转换为一阶方程组的形式. 令

$$\boldsymbol{Y} = [\boldsymbol{q}, \dot{\boldsymbol{q}}]^{\mathrm{T}} = [x, \theta, \dot{x}, \dot{\theta}]^{\mathrm{T}} = [y(1), y(2), y(3), y(4)]^{\mathrm{T}}$$

代入方程组，可得

$$\dot{\boldsymbol{Y}} = \begin{bmatrix} \dot{y}_1 \\ \dot{y}_2 \\ \dot{y}_3 \\ \dot{y}_3 \end{bmatrix} = \begin{bmatrix} \dot{x} \\ \dot{\theta} \\ \ddot{x} \\ \ddot{\theta} \end{bmatrix} = \begin{bmatrix} y_3 \\ y_4 \\ \begin{bmatrix} m_A + m_B & m_B l\cos y_2 \\ \cos y_2 & l \end{bmatrix}^{-1} \begin{bmatrix} y_4^2 m_B l \sin y_2 \\ -g\sin y_2 \end{bmatrix} \end{bmatrix}_{4\times 1}$$

(3) 根据状态变量方程编写微分方程函数并通过 MATLAB 求解，绘制函数曲线. 为方便程序编写，令 $y(i) = y_i$.

定义 M 函数 fhuabai：

```
function ydot=fhuabai(t,y)
global l g ma mb
x1=[ma+mb mb*l*cos(y(2))cos(y(2)) 1];
x2=[y(4)*y(4)*mb*l*sin(y(2)) -g*sin(y(2))];
ydot=[y(3) y(4) inv(x1)*x2];
主函数 main:
global l g ma mb
ma=2;
mb=1;
g=9.8;
l=1;
x0=0;
theta0=pi/2;
tmax=30;
step=0.001;
[t,y]=ode45('fhuabai',[0:step:tmax],[x0,theta0,0,0]);
```

运行上述 M 函数，可得运动轨迹如图 3.1.4 所示.

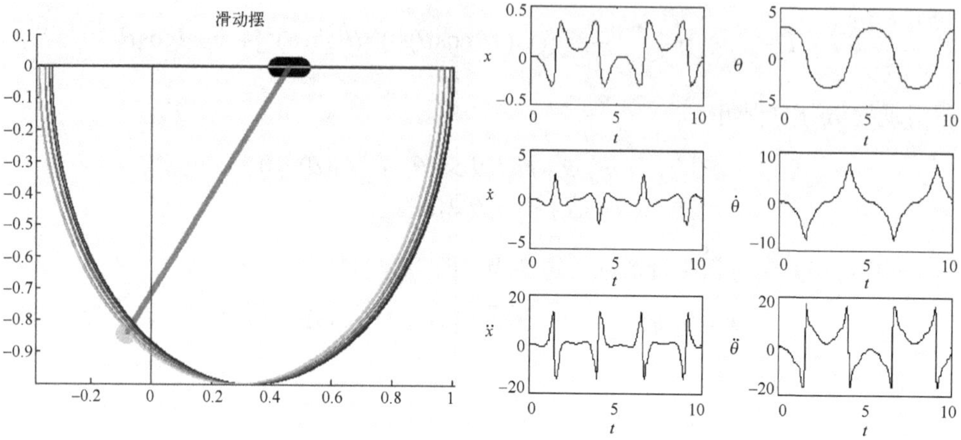

图 3.1.4　滑动摆运动轨迹

3.1.2　拉格朗日方程的结构

对于非定常约束的系统

$$\boldsymbol{r}_i = \boldsymbol{r}_i(t, q_j) \tag{3.1.11}$$

可将动能表示为式(2.4.24)所示广义速度的二次、一次和零次齐次式的和，它们均为t、q的函数.

对于定常约束系统，$T_1 = T_0 = 0$，于是

$$T = \frac{1}{2}\sum_{j=1}^{n}\sum_{k=1}^{n}\alpha_{jk}\dot{q}_j\dot{q}_k \tag{3.1.12}$$

且α_{jk}不显含时间t.

下面推导拉格朗日方程的显式. 引入欧拉算子

$$\mathrm{E}_s = \frac{\mathrm{d}}{\mathrm{d}t}\left(\frac{\partial L}{\partial \dot{q}_s}\right) - \frac{\partial L}{\partial q_s} \tag{3.1.13}$$

将式(2.4.24)代入拉格朗日方程(3.1.8)，可得

$$\mathrm{E}_s(T) = Q_s \tag{3.1.14}$$

这里

$$\mathrm{E}_s(T) = \mathrm{E}_s(T_2) + \mathrm{E}_s(T_1) + \mathrm{E}_s(T_0)$$

我们需要对上式右边的每一项进行计算. 首先计算$\mathrm{E}_s(T_2)$，有

$$\frac{\partial T_2}{\partial \dot{q}_s} = \sum_{k=1}^{n}\alpha_{ks}\dot{q}_k$$

$$\frac{\mathrm{d}}{\mathrm{d}t}\frac{\partial T_2}{\partial \dot{q}_s}=\sum_{k=1}^{n}\alpha_{ks}\ddot{q}_k+\sum_{k=1}^{n}\sum_{m=1}^{n}\frac{\partial \alpha_{ks}}{\partial q_m}\dot{q}_m\dot{q}_k+\sum_{k=1}^{n}\frac{\partial \alpha_{ks}}{\partial t}\dot{q}_k$$

$$\frac{\partial T_2}{\partial q_s}=\frac{1}{2}\sum_{k=1}^{n}\sum_{m=1}^{n}\frac{\partial \alpha_{km}}{\partial q_s}\dot{q}_m\dot{q}_k$$

因此，有

$$\mathrm{E}_s(T_2)=\sum_{k=1}^{n}\alpha_{ks}\ddot{q}_k+\sum_{k=1}^{n}\sum_{m=1}^{n}\frac{\partial \alpha_{ks}}{\partial q_m}\dot{q}_m\dot{q}_k-\frac{1}{2}\sum_{k=1}^{n}\sum_{m=1}^{n}\frac{\partial \alpha_{km}}{\partial q_s}\dot{q}_m\dot{q}_k+\sum_{k=1}^{n}\frac{\partial \alpha_{km}}{\partial t}\dot{q}_k$$

注意到

$$\sum_{k=1}^{n}\sum_{m=1}^{n}\frac{\partial \alpha_{ks}}{\partial q_m}\dot{q}_m\dot{q}_k=\frac{1}{2}\sum_{k=1}^{n}\sum_{m=1}^{n}\frac{\partial \alpha_{ks}}{\partial q_m}\dot{q}_m\dot{q}_k+\frac{1}{2}\sum_{k=1}^{n}\sum_{m=1}^{n}\frac{\partial \alpha_{ms}}{\partial q_k}\dot{q}_m\dot{q}_k$$

这可由交换下标 k 和 m 得到. 于是有

$$\mathrm{E}_s(T_2)=\sum_{k=1}^{n}\alpha_{ks}\ddot{q}_k+\sum_{k=1}^{n}\sum_{m=1}^{n}[k,m;s]\dot{q}_m\dot{q}_k+\sum_{k=1}^{n}\frac{\partial \alpha_{ks}}{\partial t}\dot{q}_k \tag{3.1.15}$$

其中

$$[k,m;s]=\frac{1}{2}\left(\frac{\partial \alpha_{ks}}{\partial q_m}+\frac{\partial \alpha_{ms}}{\partial q_k}-\frac{\partial \alpha_{km}}{\partial q_s}\right) \tag{3.1.16}$$

为 T_2 中惯性系数的第一类克氏符号(Christoffel symbol).

类似地，计算 $\mathrm{E}_s(T_1)$ 和 $\mathrm{E}_s(T_0)$，得

$$\mathrm{E}_s(T_1)=\frac{\partial \alpha_s}{\partial t}-\sum_{k=1}^{n}\left(\frac{\partial \alpha_k}{\partial q_s}-\frac{\partial \alpha_s}{\partial q_k}\right)\dot{q}_k$$

$$\mathrm{E}_s(T_0)=-\frac{\partial T_0}{\partial q_s}=-\frac{1}{2}\frac{\partial \alpha_0}{\partial q_s}$$

由此，式(3.1.14)可写为

$$\sum_{k=1}^{n}\alpha_{ks}\ddot{q}_k+\sum_{i=1}^{n}\sum_{m=1}^{n}(k,m;s)\dot{q}_k\dot{q}_m+\sum_{k=1}^{n}\frac{\partial \alpha_{ks}}{\partial t}\dot{q}_k=\frac{\partial \alpha_s}{\partial t}+\sum_{k=1}^{n}\left(\frac{\partial \alpha_k}{\partial q_s}-\frac{\partial \alpha_s}{\partial q_k}\right)\dot{q}_k+\frac{1}{2}\frac{\partial \alpha_0}{\partial q_s}+Q_s$$

$$(s=1,2,\cdots,n) \tag{3.1.17}$$

此式即为拉格朗日方程的显式.

对于定常约束系数，式(3.1.17)变为

$$\sum_{k=1}^{n}\alpha_{ks}\ddot{q}_k+\sum_{i=1}^{n}\sum_{m=1}^{n}\left([k,m;s]\right)\dot{q}_k\dot{q}_m=Q_s \tag{3.1.18}$$

且由于$T\geqslant 0$，知T是正定的，因此满足

$$\alpha_{11}>0,\ \begin{vmatrix}\alpha_{11} & \alpha_{12}\\ \alpha_{21} & \alpha_{22}\end{vmatrix}>0,\ \cdots,\ \begin{vmatrix}\alpha_{11} & \cdots & \alpha_{1n}\\ \vdots & & \vdots\\ \alpha_{n1} & \cdots & \alpha_{nn}\end{vmatrix}>0 \tag{3.1.19}$$

3.1.3 拉格朗日方程的首次积分

拉格朗日方程是一组二阶常微分方程组，在某些情况下存在首次积分(或初积分、第一次积分)，下面讨论势力系统的首次积分.

1. L 中不显含某些广义坐标 q_j

在此情况下，q_j称为循环坐标，$\dot{q}_j$对应地称为循环速率，由于$\dfrac{\partial L}{\partial q_j}=0$，则由拉格朗日方程对应有

$$\frac{\mathrm{d}}{\mathrm{d}t}\left(\frac{\partial L}{\partial \dot{q}_j}\right)=0$$

积分之，得

$$\frac{\partial L}{\partial \dot{q}_j}=C_j \tag{3.1.20}$$

其中，C_j为积分常数，由系统的初始条件确定. 式(3.1.20)为一个首次积分，也称为循环积分.

由于势能V与广义速度无关，即$\partial V/\partial \dot{q}_j=0$，因此式(3.1.20)又可进一步改写为

$$\frac{\partial L}{\partial \dot{q}_j}=\frac{\partial T}{\partial \dot{q}_j}=p_j \tag{3.1.21}$$

上式即为广义动量，故循环积分又称为广义动量积分或广义动量守恒.

由此，式(3.1.20)的物理意义为对应于循环坐标的广义动量守恒. 它包含了通常的动量、动量矩守恒，但也可以既不是动量守恒也不是动量矩守恒. 对于更一般的情形，循环积分不一定有明显的物理意义.

2. L 中不显含时间 t

由于 $\dfrac{\partial L}{\partial t}=0$，有

$$\frac{\mathrm{d}L}{\mathrm{d}t}=\sum_{j=1}^{n}\left(\frac{\partial L}{\partial q_j}\dot{q}_j+\frac{\partial L}{\partial \dot{q}_j}\ddot{q}_j\right) \tag{3.1.22}$$

将拉格朗日方程乘以相应的 $\dot{q}_j$，然后求和，得

$$\sum_{j=1}^{n}\left(\dot{q}_j\frac{\mathrm{d}}{\mathrm{d}t}\frac{\partial L}{\partial \dot{q}_j}-\dot{q}_j\frac{\partial L}{\partial q_j}\right)=0 \tag{3.1.23}$$

将式(3.1.22)和式(3.1.23)相加则有

$$\frac{\mathrm{d}L}{\mathrm{d}t}=\sum_{j=1}^{n}\left[\dot{q}_j\frac{\mathrm{d}}{\mathrm{d}t}\left(\frac{\partial L}{\partial \dot{q}_j}\right)+\ddot{q}_j\frac{\partial L}{\partial \dot{q}_j}\right]=\sum_{j=1}^{n}\frac{\mathrm{d}}{\mathrm{d}t}\left(\dot{q}_j\frac{\partial L}{\partial \dot{q}_j}\right)$$

于是有

$$\frac{\mathrm{d}}{\mathrm{d}t}\left(\sum_{j=1}^{n}\dot{q}_j\frac{\partial L}{\partial \dot{q}_j}-L\right)=0$$

由此导得另一首次积分

$$\sum_{j=1}^{n}\dot{q}_j\frac{\partial L}{\partial \dot{q}_j}-L=E \tag{3.1.24}$$

其中，E 为积分常数.

当质点系具有定常约束时，$T=T_2$，则

$$\frac{\partial L}{\partial \dot{q}_j}=\frac{\partial T_2}{\partial \dot{q}_j}=\sum_{k=1}^{n}a_{kj}\dot{q}_k$$

由式(3.1.24)左边第一式有

$$\sum_{j=1}^{n}\dot{q}_j\frac{\partial L}{\partial \dot{q}_j}=\sum_{j=1}^{n}\sum_{k=1}^{n}a_{kj}\dot{q}_j\dot{q}_k=2T_2$$

进而，式(3.1.24)可写为

$$2T_2-(T_2-V)=T_2+V=E \tag{3.1.25}$$

此即通常的机械能守恒，是广义能量守恒的特殊情形. 称式(3.1.25)为能量积分.

当质点系具有定常约束时 $T=T_0+T_1+\ T_2$，则

$$\sum_{j=1}^{n}\dot{q}_j\frac{\partial L}{\partial \dot{q}_j}=T_1+2T_2 \tag{3.1.26}$$

于是由式(3.1.24)得

$$T_2-T_0+V=E$$

称为广义能量积分，也称雅可比积分，称式(3.1.24)左端的项为广义能量.

首次积分是广义坐标的一阶微分方程，利用拉格朗日方程分析具体问题时，应尽可能利用其首次积分.

例 3.1.4　图 3.1.5 所示为离心加速器示意图，设小球 A 、B 质量均为 m_1 ，大小不计，套筒 C 的质量为 m_2 ，上杆长 l_1 ，下杆长 l_2 ，不计自重，求转动角速度 ω 与偏角 φ 之间的关系.

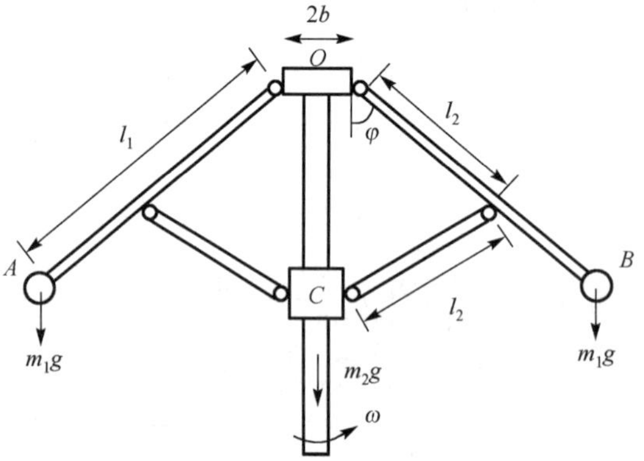

图 3.1.5　离心加速器

解　取 φ 为广义坐标，小球速度 $v_A=v_B$

$$v_A=v_B=[(l_1\dot{\varphi})^2+(b+l_1\sin\varphi)^2\omega^2]^{1/2}$$

套筒 C 的速度

$$v_C=-2l_2\sin\varphi\cdot\dot{\varphi}$$

系统动能

$$T=m_1[(b+l_1\sin\varphi)^2\omega^2+(l_1\dot{\varphi})^2]+\frac{m_2}{2}(2l_2\dot{\varphi}\sin\varphi)^2$$

以 O 为零势位置，则系统势能

$$V=-2(m_1l_1+m_2l_2)g\cos\varphi$$

拉格朗日函数为

$$L=(m_1l_1^2+2m_2l_2^2\sin^2\varphi)\dot{\varphi}^2+m_1(b+l_1\sin\varphi)^2\omega^2+2(m_1l_1+m_2l_2)g\cos\varphi$$

代入拉格朗日方程，得运动微分方程

$$(m_1l_1^2+2m_2l_2^2\sin^2\varphi)\ddot{\varphi}+m_2l_2^2\dot{\varphi}^2\sin 2\varphi+(m_1l_1+m_2l_2)g\sin\varphi-m_1l_1\omega^2(b+l_1\sin\varphi)\cos\varphi=0$$

当系统处于相对平衡位置时，$\dot{\varphi}=0,\ddot{\varphi}=0$，得

$$\omega^2=\frac{g(m_1l_1+m_2l_2)\tan\varphi}{m_1l_1(b+l_1\sin\varphi)}$$

由于 L 不显含时间 t，且 $T_2=(m_2l_2^2+2m_2l_2^2\sin^2\varphi)\dot{\varphi}^2$，$T_0=m_1(b+l_1\sin\varphi)^2\omega^2$，故系统存在广义能量积分

$$(m_1l_1^2+2m_2l_2^2\sin^2\varphi)\dot{\varphi}^2-m_1(b+l_1\sin^2\varphi)\omega^2-2(m_1l_1+m_2l_2)g\cos\varphi=E$$

例 3.1.5　如图 3.1.6 所示，圆盘 B 质量为 m_B，半径为 r，求其沿圆环 A 内壁由静止开始自 $\varphi=30^\circ$ 位置纯滚动至最低位置时的角速度，设 $R=3r$，$m_A=m_B$.

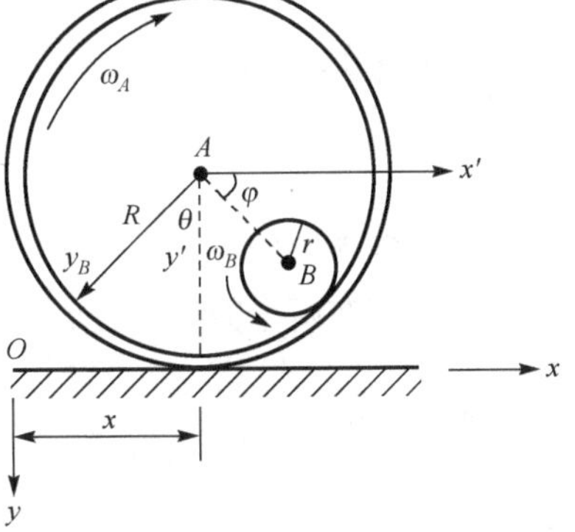

(a)

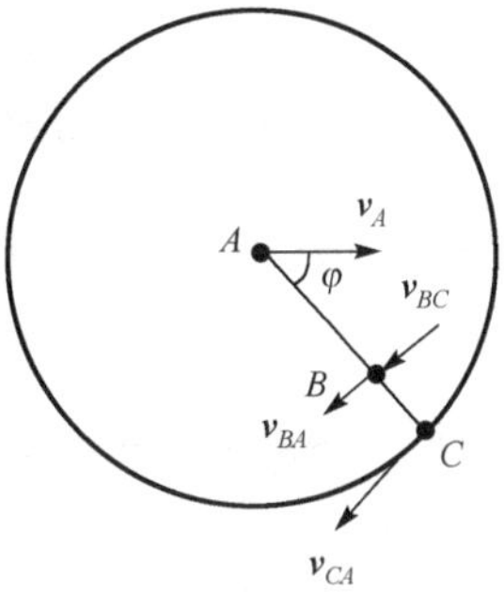

(b)

图 3.1.6　圆盘与圆环的运动

解　此系统为三自由度，设 Oxy 为固定坐标系，$Ax'y'$ 为平动坐标系，Ay_B 轴固结于环 A，以 A 点的水平方向坐标 x、Ay_B 轴与 Ay' 轴的夹角 θ，以及直线 AB 与 Ax' 轴的夹角 φ 为三个广义坐标.

不难看出(图 3.1.6(b))，圆环角速度 $\omega_A=\dot{\theta}$，中心 A 的速度 $v_A=\dot{x}$，圆盘角速度 ω_B 及中心 B 的速度由运动学关系确定，将直线 AB 看作刚性杆，取 A 为基点，有

$$\boldsymbol{v}_B=\boldsymbol{v}_A+\boldsymbol{v}_{BA}$$

因为 $v_{BA}=(R-r)\dot{\varphi}=2r\dot{\varphi}$，故根据余弦定理导出

$$v_B=\left[\dot{x}^2+(2r\dot{\varphi})^2+2\dot{x}(2r\dot{\varphi})\cos\left(\frac{\pi}{2}+\varphi\right)\right]^{\frac{1}{2}}=(\dot{x}^2+4r^2\dot{\varphi}^2+4r\dot{x}\dot{\varphi}\sin\varphi)^{\frac{1}{2}}$$

又因圆盘沿圆环纯滚动，以圆盘为对象，取 C 为基点，有

$$\boldsymbol{v}_B=\boldsymbol{v}_C+\boldsymbol{v}_{BC}$$

以圆环为对象，取 A 为基点，有

$$\boldsymbol{v}_C = \boldsymbol{v}_A + \boldsymbol{v}_{CA}$$

所以

$$\boldsymbol{v}_{BA} = \boldsymbol{v}_{CA} + \boldsymbol{v}_{BC}$$

上式中三个速度矢量方向始终相同，由 $v_C = R\dot{\theta}$, $v_{BC} = r\omega_B$ 可得

$$\omega_B = \frac{2r\dot{\varphi} - R\dot{\theta}}{r} = 2\dot{\varphi} - 3\dot{\theta}$$

故系统动能为

$$\begin{aligned} T &= \frac{1}{2}mv_A^2 + \frac{1}{2}(mR^2)\omega_A^2 + \frac{1}{2}mv_B^2 + \frac{1}{2}\left(\frac{1}{2}mr^2\right)\omega_B^2 \\ &= m\dot{x}^2 + \frac{27}{4}mr^2\dot{\theta}^2 + 3mr^2\dot{\varphi}^2 - 3mr^2\dot{\varphi}\dot{\theta} - 2mr\dot{x}\dot{\varphi}\sin\varphi \end{aligned}$$

以过 A 的水平面为零势位，则系统势能为

$$V = -mg(R-r)\sin\varphi = -2mgr\sin\varphi$$

系统的拉格朗日函数 $L=T-V$ 中不显含 x 、 θ ，故存在两个循环积分

$$\frac{\partial L}{\partial \dot{x}} = 2m(\dot{x} - r\dot{\varphi}\sin\varphi) = E_1 \tag{1}$$

$$\frac{\partial L}{\partial \dot{\theta}} = \frac{27}{2}mr^2\dot{\theta} - 3mr^2\dot{\varphi} = E_2 \tag{2}$$

又 L 中不显含时间 t，且 $T = T_2$ ，存在能量积分

$$T + V = E_3 \tag{3}$$

系统初始状态为 $\varphi = 30^\circ$ ， $\dot{x} = \dot{\theta} = \dot{\varphi} = 0$ ，代入以上三式，得 $E_1 = E_2 = 0$ ，$E_3 = -mgr$ ，将题目要讨论的位置 $\varphi = 90^\circ$ 代入式(1)、(2)得

$$\dot{\varphi} = \frac{9}{2}\dot{\theta}, \quad \dot{x} = r\dot{\varphi} = \frac{9}{2}r\dot{\theta}$$

代入式(3)得

$$\dot{\theta} = \frac{2}{3}\sqrt{\frac{9}{15r}}$$

因此可得

$$\omega_B = 6\dot{\varphi} = 4\sqrt{\frac{9}{15r}}$$

3.1.4 总能量变化定理、有势力、陀螺力和耗散力

若广义力与广义速度无关，即

$$Q_i = Q_i(t, q_1, \cdots, q_n) \tag{3.1.27}$$

并存在函数 $V(t, q_1, q_2 \cdots, q_n)$，使

$$Q_i = -\frac{\partial V}{\partial q_i} \tag{3.1.28}$$

则力 Q_i 称为有势力，而函数 V 称为力的势或势能，确定势 V 的等式(3.1.28)可写成以下形式：

$$\delta A = \sum_{i=1}^{n} Q_i \delta q_i = -\delta V$$

现在我们来看除由势 V 所确定的有势力以外，系统上还有非有势力

$$\tilde{Q}_i = \tilde{Q}_i(t, q_i, \dot{q}_i) \tag{3.1.29}$$

的作用，则拉格朗日方程为

$$\frac{\mathrm{d}}{\mathrm{d}t}\frac{\partial T}{\partial \dot{q}_j} - \frac{\partial T}{\partial q_j} = -\frac{\partial V}{\partial q_j} + \tilde{Q}_j \tag{3.1.30}$$

令 E 为总机械能，即 $E = T + V$. 我们来计算它的导数 $\frac{\mathrm{d}E}{\mathrm{d}t}$，先计算 $\frac{\mathrm{d}T}{\mathrm{d}t}$

$$\begin{aligned}\frac{\mathrm{d}T}{\mathrm{d}t} &= \sum_{j=1}^{n}\left(\frac{\partial T}{\partial q_j}\dot{q}_j + \frac{\partial T}{\partial \dot{q}_j}\ddot{q}_j\right) + \frac{\partial T}{\partial t} \\ &= \frac{\mathrm{d}}{\mathrm{d}t}\left(\sum_{j=1}^{n}\frac{\partial T}{\partial \dot{q}_j}\dot{q}_j\right) + \sum_{j=1}^{n}\left(\frac{\partial T}{\partial q_j} - \frac{\mathrm{d}}{\mathrm{d}t}\frac{\partial T}{\partial \dot{q}_j}\right)\dot{q}_j + \frac{\partial T}{\partial t}\end{aligned}$$

由于 $T = T_0 + T_1 + T_2$，并利用式(3.1.26)和拉格朗日方程(3.1.30)，得

$$\begin{aligned}\frac{\mathrm{d}T}{\mathrm{d}t} &= \frac{\mathrm{d}}{\mathrm{d}t}(2T_2 + T_1) + \frac{\partial T}{\partial t} + \sum_{j=1}^{n}\left(\frac{\partial V}{\partial q_j} - \tilde{Q}_j\right)\dot{q}_j \\ &= 2\frac{\mathrm{d}T}{\mathrm{d}t} - \frac{\mathrm{d}}{\mathrm{d}t}(T_1 + 2T_0) + \frac{\partial T}{\partial t} + \frac{\mathrm{d}V}{\mathrm{d}t} - \frac{\partial V}{\partial t} - \sum_{j=1}^{n}\tilde{Q}_j\dot{q}_j\end{aligned}$$

故

$$\frac{\mathrm{d}E}{\mathrm{d}t} = \sum_{j=1}^{n}\tilde{Q}_j\dot{q}_j + \frac{\mathrm{d}}{\mathrm{d}t}(T_1 + 2T_0) - \frac{\partial T}{\partial t} + \frac{\partial V}{\partial t} \tag{3.1.31}$$

此式描述了力学系统机械能变化的规律，右端第一项

$$\sum_{j=1}^{n}\tilde{Q}_j\dot{q}_j=\frac{\sum_{j=1}^{n}\tilde{Q}_j\mathrm{d}q_j}{\mathrm{d}t}=\frac{\delta\tilde{A}}{\mathrm{d}t}$$

乃是非有势力 $\tilde{Q}_j$ 的功率. 第二、三项 $\frac{\mathrm{d}}{\mathrm{d}t}(T_1+2T_0)-\frac{\partial T}{\partial t}$ 仅对于非定常系统才异于零. 在势能 V 明显依赖于时间的情况下，最后一项也不等于零.

式(3.1.31)决定了任意非平稳系统在运动时总能量的变化，下面我们来考察几种特殊情况.

(1)定常系统，有

$$\frac{\mathrm{d}E}{\mathrm{d}t}=\sum\tilde{Q}_j\dot{q}_j+\frac{\partial V}{\partial t}$$

(2)定常系统，且势能不显含时间

$$\frac{\mathrm{d}E}{\mathrm{d}t}=\sum\tilde{Q}_j\dot{q}_j$$

此时，总能量对时间的导数等于非有势力的功率.

(3)保守定常系统，即

①系统是定常的；

②所有的力均为有势力；

③势能 V 不显含时间，则有

$$\frac{\mathrm{d}E}{\mathrm{d}t}=0$$

即对于系统的任何运动都有

$$E=\mathrm{const} \tag{3.1.32}$$

因此，保守定常系统的总能量在运动中不变，式(3.1.32)也称为能量积分.

如果非有势力的功率等于零

$$\sum\tilde{Q}_j\dot{q}_j=0$$

则称其为陀螺力，而当其功率小于零

$$\sum\tilde{Q}_j\dot{q}_j<0$$

则称其为耗散力.

如果势能不显含 t，则由等式得 $\frac{\mathrm{d}E}{\mathrm{d}t}=0$. 因此，在陀螺力作用下的定常系统仍然有能量积分(3.1.32)，如在这样的系统下还有耗散力，则有

$$\frac{\mathrm{d}E}{\mathrm{d}t}<0$$

即总能量在运动过程中减少，此时，将系统本身称为耗散的.

下面看两个特殊情况.

(1)令

$$\tilde{Q}_j=\sum_{k=1}^{n}\gamma_{jk}\dot{q}_k \tag{3.1.33}$$

并设其系数矩阵$\|\gamma_{jk}\|$为反对称的

$$\gamma_{jk}=-\gamma_{kj} \tag{3.1.34}$$

此时，式(3.1.33)为陀螺力.

事实上，在此情形下

$$\sum_{j=1}^{n}\tilde{Q}_j\dot{q}_j=\sum_{j=1}^{n}\sum_{k=1}^{n}\gamma_{jk}\dot{q}_j\dot{q}_k=\sum_{j=1}^{n}(\gamma_{jj}\dot{q}_j^2)+\sum_{k=1}^{n}\sum_{j=1}^{k-1}(\gamma_{jk}+\gamma_{kj})\,\dot{q}_j\dot{q}_k=0 \tag{3.1.35}$$

因此$\|\gamma_{jk}\|$为反对称矩阵，式(3.1.33)所示力$\tilde{Q}_j$为陀螺力的充分必要条件.

(2)令

$$\tilde{Q}_j=-\sum_{k=1}^{n}b_{jk}\dot{q}_k \tag{3.1.36}$$

并设其系数矩阵为$\|b_{jk}\|$对称的，即

$$b_{jk}=b_{kj} \tag{3.1.37}$$

且二次型$\sum\limits_{k=1}^{n}b_{jk}\dot{q}_j\dot{q}_k$是正定的，即

$$\sum_{k=1}^{n}b_{jk}\dot{q}_j\dot{q}_k>0 \tag{3.1.38}$$

于是，对于定常系统，力$\tilde{Q}_j$的功率等于

$$\sum_{j=1}^{n}\tilde{Q}_j\dot{q}_j=-\sum_{k=1}^{n}\sum_{j=1}^{n}b_{jk}\dot{q}_j\dot{q}_k<0$$

即$\tilde{Q}_j$是耗散力.

瑞利(Rayleigh)依照动能与势能函数，引进了$\dot{q}$的二次型函数D

$$D=\frac{1}{2}\sum_{j=1}^{n}\sum_{k=1}^{n}b_{jk}\dot{q}_j\dot{q}_k$$

则有

$$\tilde{Q}_j = -\frac{\partial D}{\partial \dot{q}_j}$$

此函数 D 称为瑞利耗散函数，此后，有

$$\frac{\mathrm{d}E}{\mathrm{d}t} = \sum_{j=1}^{n} \tilde{Q}_j \dot{q}_j = -2D$$

即总能量的减小速度等于瑞利函数的二倍.

【人物简介】

约翰·威廉·斯特拉特(John William Strutt，1842 ~ 1919)，尊称瑞利勋爵，生于英国埃塞克斯郡的莫尔登，卒于威特姆. 瑞利的研究工作开始于电学，后更多地研究声学和光学两个领域. 19 世纪 80 年代中期以后，瑞利扩展了研究范围，在光辐射、声辐射、弹性介质振动、毛细现象，乃至电磁学、力学普遍性理论和热力学等方面都做出了贡献.

3.1.5　具有循环坐标的系统的运动

上面我们已经讨论过力学系统具有循环坐标，并给出了相应的循环积分，在本节中我们将讨论利用循环积分从而使得问题得以简化.

设系统有 n 个广义坐标，假设这 n 个坐标都是循环坐标，即 L 中只显含广义速度和时间 t，即

$$L = L(t, \dot{q}_j) \tag{3.1.39}$$

则我们有 n 个循环积分

$$\frac{\partial L}{\partial \dot{q}_j} = C_j \qquad (j = 1, 2, \cdots, n) \tag{3.1.40}$$

由于 L 是 $\dot{q}_j$ 的二次函数，则 $\dfrac{\partial L}{\partial \dot{q}_j}$ 是 $\dot{q}_j$ 的线性函数，由式(3.1.40)解出 $\dot{q}_j$ 得

$$\dot{q}_j = \dot{q}_j(C_1, C_2, \cdots, C_n, t) \qquad (j = 1, 2, \cdots, n) \tag{3.1.41}$$

通过简单积分，就可以得到系统的运动方程

$$q_j = q_j(t) \qquad (j = 1, 2, \cdots, n)$$

如果 n 个广义坐标中，只有 $l(l < n)$ 个循环坐标，即

$$L = L(q_{l+1}, q_{l+2}, \cdots, q_n, \dot{q}_1, \dot{q}_2, \cdots, \dot{q}_n, t) \tag{3.1.42}$$

则 n 个拉格朗日方程可以分为下面两组：

$$\frac{\mathrm{d}}{\mathrm{d}t}\left(\frac{\partial L}{\partial \dot{q}_j}\right)=0 \qquad (j=1,2,\cdots,l)$$

$$\frac{\mathrm{d}}{\mathrm{d}t}\left(\frac{\partial L}{\partial \dot{q}_j}\right)-\frac{\partial L}{\partial q_j}=0 \qquad (j=l+1,l+2,\cdots,n)$$

从第一组，就得到 l 个循环积分

$$\frac{\partial L}{\partial \dot{q}_j}=C_j \qquad (j=1,2,\cdots,l)$$

从中解得 L 个循环速度

$$\dot{q}_j=\dot{q}_j(q_{l+1},q_{l+2},\cdots,q_n,\dot{q}_{l+1},\dot{q}_{l+2},\cdots,\dot{q}_n,C_1,C_2,\cdots,C_l,t) \tag{3.1.43}$$

以此代入第二组方程，就可以在第二组方程中消去循环速度而得到 $n-l$ 个非循环坐标作为变量的二阶微分方程. 这样，就可以使二阶微分方程的数目从 n 个减少为 $n-l$ 个，从这 $n-l$ 个方程可以求得非循环坐标的变化规律

$$q_j=q_j(t) \qquad (j=l+1,2,\cdots,n)$$

代入上式，简单积分后得出循环坐标的变化规律

$$q_j=q_j(t) \qquad (j=1,\cdots,l)$$

应当注意，从第二组方程中消去循环速度时，要先把第二组方程中的偏导数 $\frac{\partial L}{\partial q_j}$, $\frac{\partial L}{\partial \dot{q}_j}$ 展开，然后再以式(3.1.42)代入.

如果我们先在 L 中通过式(3.1.42)把循环速度 $\dot{q}_j$ 消去，并把得到的由 q_j 、$\dot{q}_j$ 、C_j 以及 t 表示的函数用 $\tilde{L}$ 表示，则把 $\tilde{L}$ 对 q_i 、 $\dot{q}_i$ 求偏导数，得到

$$\frac{\partial \tilde{L}}{\partial \dot{q}_i}=\frac{\partial L}{\partial \dot{q}_i}+\sum_{j=1}^{l}\frac{\partial L}{\partial \dot{q}_j}\frac{\partial \dot{q}_j}{\partial \dot{q}_i}=\frac{\partial L}{\partial \dot{q}_i}+\sum_{j=1}^{l}C_j\frac{\partial \dot{q}_j}{\partial \dot{q}_i}$$

$$\frac{\partial \tilde{L}}{\partial q_i}=\frac{\partial L}{\partial q_i}+\sum_{j=1}^{l}\frac{\partial L}{\partial \dot{q}_j}\frac{\partial \dot{q}_j}{\partial q_i}=\frac{\partial L}{\partial q_i}+\sum_{j=1}^{l}C_j\frac{\partial \dot{q}_j}{\partial q_i}$$

由此可得

$$\frac{\partial L}{\partial \dot{q}_i}=\frac{\partial \tilde{L}}{\partial \dot{q}_i}-\sum_{j=1}^{l}C_j\frac{\partial \dot{q}_j}{\partial \dot{q}_i}=\frac{\partial}{\partial \dot{q}_i}\left(\tilde{L}-\sum_{j=1}^{l}C_j\dot{q}_j\right)$$

$$\frac{\partial L}{\partial q_i}=\frac{\partial \tilde{L}}{\partial q_i}-\sum_{j=1}^{l}C_j\frac{\partial \dot{q}_j}{\partial q_i}=\frac{\partial}{\partial q_i}(\tilde{L}-\sum_{j=1}^{l}C_j\dot{q}_j)$$

当然，上面式子中的 $\dot{q}_j$ 要以式(3.1.43)代入，因此 $\tilde{L}-\sum_{j=1}^{l}C_j\dot{q}_j$ 是 $\dot{q}_i, q_i, C_j, t$ 的函数 $(i=l+1,l+2,\cdots,n)$，这个函数记为 R，即

$$R=\tilde{L}-\sum_{j=1}^{l}C_j\dot{q}_j$$

于是

$$\frac{\partial L}{\partial \dot{q}_i}=\frac{\partial R}{\partial \dot{q}_i},\qquad \frac{\partial L}{\partial q_i}=\frac{\partial R}{\partial q_i}\quad (i=l+1,l+2,\cdots,n) \tag{3.1.44}$$

函数 $R=R(\dot{q}_i,q_i,t,C_j)$ 是 1876 年劳斯引入的，称为劳斯函数，从上面的过程可以看出，用劳斯函数代替拉格朗日函数，不仅可以消去循环速度，而且可使这些方程保持原来的形式.

【人物简介】

爱德华·约翰·劳斯(Edward John Routh，1831 ~ 1907)，出生于魁北克，卒于剑桥. 他的主要研究领域涉及几何、动力学、天文学、波、振动和谐波分析. 在力学方面的工作尤为重要，1877 年，因在动态稳定性方面的工作而获得了亚当斯奖.

此外，我们还可以看到

$$\frac{\partial R}{\partial C_j}=\frac{\partial}{\partial C_j}(\tilde{L}-\sum_{j=1}^{l}C_j\dot{q}_j)=\frac{\partial \tilde{L}}{\partial C_j}-\dot{q}_j-\sum_{k=1}^{l}C_k\frac{\partial \dot{q}_k}{\partial C_j}$$

而

$$\frac{\partial \tilde{L}}{\partial C_j}=\sum_{k=1}^{l}\frac{\partial L}{\partial \dot{q}_k}\frac{\partial \dot{q}_k}{\partial C_j}=\sum_{k=1}^{l}C_k\frac{\partial \dot{q}_k}{\partial C_j}$$

因而有

$$\frac{\partial R}{\partial C_j}=-\dot{q}_j$$

总的来说，引入劳斯函数以后，原来的方程组可以变换为以下的方程组：

$$\frac{\mathrm{d}q_j}{\mathrm{d}t}=-\frac{\partial R}{\partial C_j}\qquad (j=1,2,\cdots,l) \tag{3.1.45}$$

$$\frac{\mathrm{d}}{\mathrm{d}t}\left(\frac{\partial R}{\partial \dot{q}_i}\right)-\frac{\partial R}{\partial q_i}=0\qquad (i=l+1,l+2,\cdots,n) \tag{3.1.46}$$

这就是完整系统的劳斯方程. 我们知道，式(3.1.46)中已经不再包含循环坐标，从这一组方程研究非循环坐标的变化规律时，好像可以把循环坐标完全排除在外，因此，循环坐标也称为可遗坐标. 此外，可以看到，式(3.1.45)中包含了循环积分的常数 C_j，因此可以说，以循环坐标表示的运动是通过这个常数"隐藏"在方程组(3.1.45)中的. 因此，循环坐标又称为隐坐标，并把以循环坐标表示的运动称为隐运动，而把非循环坐标表示的运动称为显运动.

下面我们来看一个例题.

例 3.1.6　讨论 3.1.3 节中的例 3.1.4.

解　对于该问题，系统拉格朗日函数为

$$L = m\dot{x}^2 + \frac{27}{4}mr^2\dot{\theta}^2 + 3mr^2\dot{\varphi}^2 - 3mr^2\dot{\varphi}\dot{\theta} - 2mr\dot{x}\dot{\varphi}\sin\varphi + 2mgr\sin\varphi$$

由于 L 中不显含 x、θ，故存在两个循环积分

$$\frac{\partial L}{\partial \dot{x}} = 2m(\dot{x} - r\dot{\varphi}\sin\varphi) = C_1 \tag{1}$$

$$\frac{\partial L}{\partial \dot{\theta}} = \frac{27}{2}mr^2\dot{\theta} - 3mr^2\dot{\varphi} = C_2 \tag{2}$$

由式(1)、(2)解 $\dot{x}$、$\dot{\theta}$ 得

$$\begin{aligned} \dot{x} &= \frac{C_1}{2m} + r\dot{\varphi}\sin\varphi \\ \dot{\theta} &= \frac{2}{9}\left(\frac{C_2}{3mr^2} + \dot{\varphi}\right) \end{aligned} \tag{3}$$

代入拉格朗日函数 L 后得到 $\tilde{L}$

$$\begin{aligned} \tilde{L} = {} & m\left(\frac{C_1}{2m} + r\dot{\varphi}\sin\varphi\right)^2 + \frac{1}{3}mr^2\left(\frac{C_2}{3mr^2} + \dot{\varphi}\right)^2 + 3mr^2\dot{\varphi}^2 \\ & - \frac{2}{3}mr^2\dot{\varphi}\left(\frac{C_2}{3mr^2} + \dot{\varphi}\right) - 2mr\left(\frac{C_1}{2m} + r\dot{\varphi}\sin\varphi\right)\dot{\varphi}\sin\varphi + 2mgr\sin\varphi \end{aligned} \tag{4}$$

整理后可得

$$\tilde{L} = \frac{8}{3}mr^2\dot{\varphi}^2 - mr^2\dot{\varphi}^2\sin^2\varphi + \frac{C_1^2}{4m} + \frac{C_2^2}{27mr^2} + 2mgr\sin\varphi \tag{5}$$

代入 $R = \tilde{L} - C_1\dot{x} - C_2\dot{\theta}$ 得劳斯函数

$$\begin{aligned} R = {} & \frac{8}{3}mr^2\dot{\varphi}^2 - mr^2\dot{\varphi}^2\sin^2\varphi + \frac{C_1^2}{4} + \frac{C_2^2}{27mr^2} + 2mgr\sin\varphi \\ & - \left(\frac{C_1}{2m} + r\dot{\varphi}\sin\varphi\right)C_1 - \frac{2}{9}\left(\frac{C_2}{3mr^2} + \dot{\varphi}\right)C_2 \end{aligned}$$

$$R=\frac{13}{6}mr^2\dot{\varphi}^2+\frac{1}{2}mr^2\dot{\varphi}^2\cos 2\varphi-C_1r\dot{\varphi}\sin\varphi-\frac{2C_2}{9}\dot{\varphi}-\frac{C_1^2}{4m}-\frac{C_2^2}{27mr^2}+2mgr\sin\varphi$$

当φ较小时，$\dot{\varphi}\sin^2\varphi\approx 0$，$\dot{\varphi}\sin\varphi\approx\varphi\dot{\varphi}$，此时

$$R=\frac{8}{3}mr^2\dot{\varphi}^2-C_1r\varphi\dot{\varphi}-\frac{2C_2}{9}\dot{\varphi}+2mgr\varphi-\frac{C_1^2}{4m}-\frac{C_2^2}{27mr^2}$$

关于φ应满足

$$\frac{\mathrm{d}}{\mathrm{d}t}\left(\frac{\partial R}{\partial\dot{\varphi}}\right)-\frac{\partial R}{\partial\varphi}=0$$

得

$$8mr^2\ddot{\varphi}-3mgr=0$$

3.2 运动微分方程的其他形式

3.2.1 尼尔森方程

由达朗贝尔原理我们可以给出

$$\sum_{j=1}^{n}\left(\frac{\partial\dot{T}}{\partial\dot{q}_j}-2\frac{\partial T}{\partial q_j}-Q_j\right)\cdot\delta q_j=0 \tag{3.2.1}$$

由此考虑到完整约束系统，有

$$\frac{\partial\dot{T}}{\partial\dot{q}_j}-2\frac{\partial T}{\partial q_j}-Q_j=0 \tag{3.2.2}$$

这就是尼尔森方程，详细推导可以参考2.2.2节. 这类方程对约束的要求是双面、理想和完整的，不论约束是否定常，也不论广义力是否有势，它们都成立. 式(3.2.2)与拉格朗日方程(3.1.8)一样，也是建立完整约束系统广义坐标中动力学方程的一种方法.

例 3.2.1 如图3.2.1所示，一质点受向心力作用，试用尼尔森方程建立质点的运动微分方程.

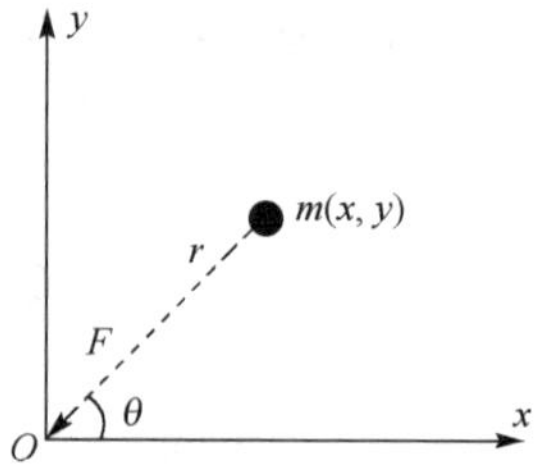

图 3.2.1 受向心力的质点

解　如图 3.2.1 所示建立坐标系，质点 m 在平面坐标系中有两个自由度，可以取 r 和 θ 为广义坐标，两者均随时间而改变. 向心力的大小为 F，始终指向圆心 O.

质点 m 的坐标可表示为

$$x = r\cos\theta$$
$$y = r\sin\theta$$

广义力为

$$Q_r = F$$
$$Q_\theta = 0$$

对广义位移求时间 t 的一阶导数，得

$$\dot{x} = \dot{r}\cos\theta - r\dot{\theta}\sin\theta$$
$$\dot{y} = \dot{r}\sin\theta + r\dot{\theta}\cos\theta$$

根据尼尔森方程需求系统的动能，则

$$\begin{aligned} T &= \frac{1}{2}mv^2 = \frac{1}{2}m(\dot{x}^2 + \dot{y}^2) \\ &= \frac{1}{2}m[(\dot{r}\cos\theta - r\dot{\theta}\sin\theta)^2 + (\dot{r}\sin\theta + r\dot{\theta}\cos\theta)^2] \\ &= \frac{1}{2}m(\dot{r}^2 + r^2\dot{\theta}^2) \end{aligned} \tag{1}$$

对动能求时间的一阶导数，有

$$\dot{T} = m(\dot{r}\ddot{r} + r\dot{r}\dot{\theta}^2 + r^2\dot{\theta}\ddot{\theta}) \tag{2}$$

对上式分别求 $\dot{r}$ 和 $\dot{\theta}$ 的偏导数，有

$$\frac{\partial \dot{T}}{\partial \dot{r}} = m(\ddot{r} + r\dot{\theta}^2) \tag{3}$$

$$\frac{\partial \dot{T}}{\partial \dot{\theta}} = m(2r\dot{r}\dot{\theta} + r^2\ddot{\theta}) \tag{4}$$

再对式(1)分别求 r 和 θ 的偏导数，有

$$\frac{\partial T}{\partial r} = mr\dot{\theta}^2 \tag{5}$$

$$\frac{\partial T}{\partial \theta} = 0 \tag{6}$$

将式(3)~(6)分别代入尼尔森方程(3.2.2)，得到系统的运动方程

$$m\ddot{r} + mr\dot{\theta}^2 - F = 0$$

$$2\dot{r}\dot{\theta} + r\ddot{\theta} = 0$$

上式即为向心力作用平面系统的运动微分方程. 如果假定 F 为 m 的函数，则可以进一步对上式进行简化.

3.2.2 曼格伦方程

由达朗贝尔原理或万有达朗贝尔原理可以给出

$$\sum_{j=1}^{n}\left(\frac{1}{k}\frac{\partial \overset{(k)}{T}}{\partial \overset{(k)}{q_j}}-\frac{k+1}{k}\frac{\partial T}{\partial q_j}-Q_j\right)\cdot\delta \overset{(m)}{q_j}=0 \qquad (k=1,2,\cdots,n) \tag{3.2.3}$$

由此考虑到完整约束系统，有

$$\frac{1}{k}\frac{\partial \overset{(k)}{T}}{\partial \overset{(k)}{q_j}}-\frac{k+1}{k}\frac{\partial T}{\partial q_j}-Q_j=0 \tag{3.2.4}$$

此即完整、理想、双面约束系统的曼格伦方程，也可用于建立完整约束系统广义坐标中动力学方程.

例 3.2.2 试用曼格伦方程推导例 3.2.1 中的运动微分方程.

解 为简化运算，这里假设 $k=1$，则推导过程与例 3.2.1 相同. 当 $k=2$ 时，则式(3.2.4)可以改写为

$$\frac{1}{2}\frac{\partial \overset{(2)}{T}}{\partial \overset{(2)}{q_j}}-\frac{3}{2}\frac{\partial T}{\partial q_j}-Q_j=0 \tag{1}$$

由例 3.2.1 有

$$\dot{T}=m(\dot{r}\ddot{r}+r\dot{r}\dot{\theta}^2+r^2\dot{\theta}\ddot{\theta})$$

对上式再求时间 t 的一阶导数，则

$$\ddot{T}=m(\ddot{r}^2+\dot{r}\dddot{r}+\dot{r}^2\dot{\theta}^2+r\ddot{r}\dot{\theta}^2+2r\dot{r}\dot{\theta}\ddot{\theta}+2r\dot{r}\dot{\theta}\ddot{\theta}+r^2\ddot{\theta}^2+r^2\dot{\theta}\dddot{\theta}) \tag{2}$$

根据曼格伦方程，对上式分别求 $\ddot{r}$ 和 $\ddot{\theta}$ 的偏导数，有

$$\frac{\partial \ddot{T}}{\partial \ddot{r}}=m(2\ddot{r}+r\dot{\theta}^2) \tag{3}$$

$$\frac{\partial \ddot{T}}{\partial \ddot{\theta}}=m(2r\dot{r}\dot{\theta}+2r\dot{r}\dot{\theta}+2r^2\ddot{\theta}) \tag{4}$$

将式(3)、(4)和例 3.2.1 中的式(5)和(6)分别代入本例中的式(1)中，得到与例 3.2.1 中完全相同的运动微分方程.

3.2.3　阿佩尔方程

由高斯原理或其他原理可得

$$\sum_{j=1}^{n}\left(\frac{\partial S}{\partial \ddot{q}_j}-Q_j\right)\cdot\delta\ddot{q}_j=0 \tag{3.2.5}$$

其中，S 为加速度能量，定义为 $S=\sum_{i=1}^{n}\frac{1}{2}m\ddot{\boldsymbol{r}}_i^2$. 由此考虑到完整约束系统，则有

$$\frac{\partial S}{\partial \ddot{q}_j}-Q_j=0 \quad (j=1,2,\cdots,n) \tag{3.2.6}$$

此即完整、保守的力学系统的阿佩尔方程. 它们与前述拉格朗日方程、尼尔森方程和曼格伦方程一样，也是建立力学系统在广义坐标中的运动方程的一种方法.

下面，我们来看一下阿佩尔方程的应用.

例 3.2.3　如图 3.2.2 所示，一由滑块 A 以及小球 B 组成的摆(椭圆摆)，用阿佩尔方程写出其运动微分方程.

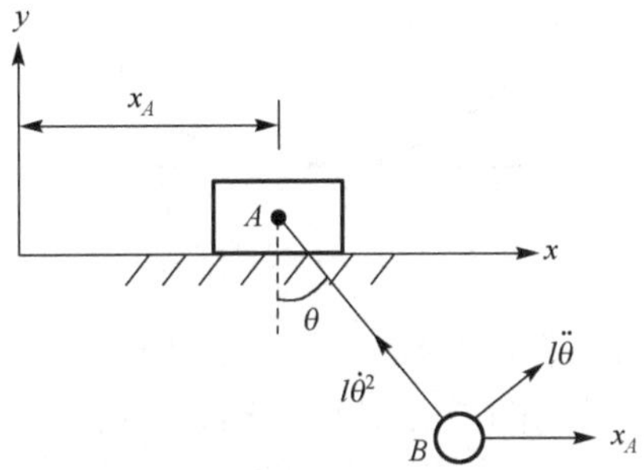

图 3.2.2　椭圆摆

解　这是由两个质点组成的具有两个自由度的完整系统，可以取 x_A 和 θ 为广义坐标，滑块 A 的加速度为 $\ddot{x}_A$，而 B 的加速度如图 3.2.2 所示，于是，系统的加速度能量

$$S=\frac{1}{2}m_A\ddot{x}_A^2+\frac{1}{2}m_B[(l\ddot{\theta}+\ddot{x}_A\cos\theta)^2+(l\dot{\theta}^2-\ddot{x}_A\cdot\sin\theta)^2]$$

展开得

$$S=\frac{1}{2}m_A\ddot{x}_A^2+\frac{1}{2}m_B(l^2\ddot{\theta}^2+\ddot{x}_A^2\cos^2\theta+2l\ddot{\theta}\ddot{x}_A\cos\theta+l^2\dot{\theta}^4+\ddot{x}_A^2\sin^2\theta-2l\dot{\theta}^2\ddot{x}_A\sin\theta)$$

上式可改写为

$$S=\frac{1}{2}(m_A+m_B)\ddot{x}_A^2+\frac{1}{2}m_B(l^2\ddot{\theta}^2+2l\ddot{\theta}\ddot{x}_A\cos\theta-2l\dot{\theta}^2\ddot{x}_A\sin\theta)+\cdots$$

应当注意，在应用阿佩尔方程时，只需要写出 S 中包含二阶导数的诸项，其余不含二阶导数的可以略去，用“…”表示.

此外，广义力仍可通过广义势 V 来计算，以 x 轴为零势位，则

$$V=-m_B g l\cos\theta$$

代入阿佩尔方程则得系统运动方程

$$(m_A+m_B)\ddot{x}_A+m_B l(\ddot{\theta}\cos\theta-\dot{\theta}^2\sin\theta)=0$$
$$l\ddot{\theta}+\ddot{x}_A\cos\theta=-g\sin\theta$$

例 3.2.4　半径为 r 的半圆盘在粗糙的水平面上摆动如图 3.2.3 所示. 用阿佩尔方程写出摆动的微分方程，设 $OC=e$，C 为半圆盘的质心.

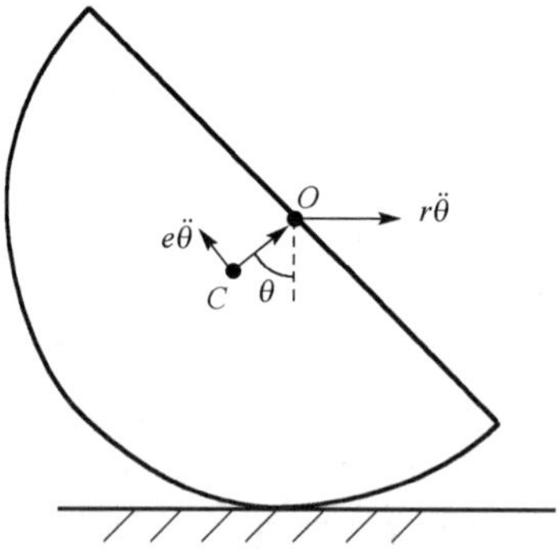

图 3.2.3　半圆盘摆动

解　这是一个单自由度的完整系统，可取 θ 为广义坐标. 由于半圆盘做刚体的平面运动，仍旧把运动分解为随质心 C 的平动以及绕质心 C 的转动两部分，然后分别计算其加速度能量而取其和. 此外，注意到刚体绕定轴转动时的加速度能量

$$S_1=\frac{1}{2}\sum m_i\ddot{\boldsymbol{r}}_i^2=\frac{1}{2}\sum m_i[\boldsymbol{\varepsilon}\times\boldsymbol{r}_i+\boldsymbol{\omega}\times(\boldsymbol{\omega}\times\boldsymbol{r}_i)]^2$$
$$=\frac{1}{2}\sum m_i r_i^2\cdot\varepsilon^2+\frac{1}{2}\sum m_i r_i^2\cdot\omega^4+\sum m_i(\boldsymbol{\varepsilon}\times\boldsymbol{r}_i)\cdot[\boldsymbol{\omega}\times(\boldsymbol{\omega}\times\boldsymbol{r})]$$

由于

$$\boldsymbol{\varepsilon}\times\boldsymbol{r}_i\perp\boldsymbol{\omega}\times(\boldsymbol{\omega}\times\boldsymbol{r}_i)$$

故

$$S_1=\frac{1}{2}J_z(\varepsilon^2+\omega^4)$$

对于本问题，$\varepsilon=\ddot{\theta},\omega=\dot{\theta}$，于是

$$S_1=\frac{1}{2}J_C(\ddot{\theta}^2+\dot{\theta}^4)$$

于是，半圆盘的加速度能量为

$$S=\frac{1}{2}ma_C^2+\frac{1}{2}J_C(\ddot{\theta}^2+\dot{\theta}^4)$$

其中，质心 C 的加速度如图 3.2.3 所示，从而有

$$\begin{aligned}a_C^2&=(e\dot{\theta}^2+r\ddot{\theta}\sin\theta)^2+(e\ddot{\theta}-r\ddot{\theta}\cos\theta)^2\\&=(r^2+e^2-2re\cos\theta)\ddot{\theta}^2+2re\ddot{\theta}\dot{\theta}^2\sin\theta+e^2\dot{\theta}^4\end{aligned}$$

所以

$$S=\frac{1}{2}m(r^2+e^2-2re\cos\theta)\ddot{\theta}^2+mre\ddot{\theta}\dot{\theta}^2\sin\theta+\frac{1}{2}J_C\ddot{\theta}^2+\cdots$$

上式中“…”代表不含 $\ddot{\theta}$ 的项.

此外，以地面为零势位，则广义力为

$$Q=-\frac{\partial V}{\partial\theta}=-\frac{\partial}{\partial\theta}(mg(r-e\cos\theta))=-mge\sin\theta$$

代入阿佩尔方程，可得到半圆盘摆动的微分方程为

$$(\rho_C^2+r^2+e^2-2r\theta\cos\theta)\ddot{\theta}+re\dot{\theta}^2\sin\theta+ge\sin\theta=0$$

这里，$J_C=m\rho_C^2$，ρ_C 为半圆盘对其质心 C 的回转半径.

3.3　哈密顿正则方程

拉格朗日方程是用一组关于 n 个广义坐标 q_j 的二阶常微分方程来描述力学系统运动的经典分析方法. 哈密顿力学是经典力学向近代物理学观念过渡的桥梁，具有重要的理论科学价值. 哈密顿正则方程则是哈密顿力学的重要内容，本节我们将重点论述.

3.3.1　哈密顿正则方程的数学形式

在完整系统受到有势力作用下的拉格朗日方程为

$$\frac{\mathrm{d}}{\mathrm{d}t}\frac{\partial L}{\partial\dot{q}_j}-\frac{\partial L}{\partial q_j}=0\quad(j=1,2,\cdots,n)\tag{3.3.1}$$

引入广义动量

$$p_j=\frac{\partial L}{\partial\dot{q}_j}\tag{3.3.2}$$

则 p_j、q_j 称为哈密顿正则变量.

定义哈密顿函数

$$H=\sum_{j=1}^{n}p_j\dot{q}_j-L \tag{3.3.3}$$

在上式中 $\dot{q}_j$ 应以由式(3.3.2)解出的

$$\dot{q}_j=f_i(t,q_1,\cdots,q_n,p_1,\cdots,p_n) \tag{3.3.4}$$

来表示. 为清楚起见，上式也可写为

$$H=\left(\sum_{i=1}^{n}p_i\dot{q}_i-L\right)_{\dot{q}\to p} \tag{3.3.5}$$

由此可见，哈密顿函数在一般情况下是广义坐标 q 、广义动量 p 以及时间 t 的函数，即

$$H=H(q,p,t) \tag{3.3.6}$$

定义了哈密顿函数以后，我们就有

$$\frac{\partial H}{\partial p_j}=\frac{\partial}{\partial p_j}\left(\sum_{i=1}^{n}p_i\dot{q}_i-L\right)=\dot{q}_j+\sum_{i=1}^{n}p_i\frac{\partial\dot{q}_i}{\partial p_j}-\sum_{i=1}^{n}\frac{\partial L}{\partial\dot{q}_i}\frac{\partial\dot{q}_i}{\partial p_j}$$

由于 $\dfrac{\partial L}{\partial\dot{q}_i}=p_i$，故有

$$\frac{\partial H}{\partial p_j}=\dot{q}_j \tag{3.3.7}$$

而

$$\begin{aligned}\frac{\partial H}{\partial q_j}&=\frac{\partial}{\partial q_j}\left(\sum_{i=1}^{n}p_i\dot{q}_i-L\right)=\sum_{i=1}^{n}p_i\frac{\partial\dot{q}_i}{\partial q_j}-\frac{\partial L}{\partial q_j}-\sum_{i=1}^{n}\frac{\partial L}{\partial\dot{q}_i}\frac{\partial\dot{q}_i}{\partial q_j}\\&=-\frac{\partial L}{\partial q_j}=-\frac{\mathrm{d}}{\mathrm{d}t}\left(\frac{\partial L}{\partial\dot{q}_j}\right)=-\frac{\mathrm{d}p_j}{\mathrm{d}t}\end{aligned}$$

故有

$$\frac{\partial H}{\partial q_j}=-\frac{\mathrm{d}p_j}{\mathrm{d}t} \tag{3.3.8}$$

由此我们就得到 $2n$ 个以正则变量 q 、 p 表示的独立的一阶微分方程组

$$\begin{aligned}\dot{q}_j&=\frac{\partial H}{\partial p_j}\\\dot{p}_j&=-\frac{\partial H}{\partial q_j}\end{aligned} \tag{3.3.9}$$

我们称方程组(3.3.9)为哈密顿正则方程. 基于这组方程，通过积分，可以得出

$$
\begin{aligned}
q_j &= q_j(t,c_1,c_2,\cdots,c_{2n}) \\
p_j &= p_j(t,c_1,c_2,\cdots,c_{2n})
\end{aligned} \tag{3.3.10}
$$

其中，$2n$ 个 c_i 是积分常数，决定于初始条件.

例 3.3.1　对于自由质点，笛卡儿坐标是独立的 (x,y,z)，在势力场 $V=V(t,x,y,z)$ 中拉格朗日函数为

$$
L=\frac{1}{2}m(\dot{x}^2+\dot{y}^2+\dot{z}^2)-V(t,x,y,z)
$$

试写出该系统的哈密顿正则方程.

解　笛卡儿坐标相对应的动量

$$
p_x=\frac{\partial L}{\partial \dot{x}}=m\dot{x}\,,\qquad p_y=\frac{\partial L}{\partial \dot{y}}=m\dot{y}\,,\qquad p_z=\frac{\partial L}{\partial \dot{z}}=m\dot{z}
$$

即

$$
\dot{x}=\frac{p_x}{m}\,,\qquad \dot{y}=\frac{p_y}{m}\,,\qquad \dot{z}=\frac{p_z}{m}
$$

则系统的哈密顿函数为

$$
\begin{aligned}
H&=\sum_{j=1}^{n}p_j\dot{q}_j-L=p_x\frac{p_x}{m}+p_y\frac{p_y}{m}+p_z\frac{p_z}{m}-\frac{1}{2}m\left[\left(\frac{p_x}{m}\right)^2+\left(\frac{p_y}{m}\right)^2+\left(\frac{p_z}{m}\right)^2\right]+V \\
&=\frac{1}{2m}(p_x^2+p_y^2+p_z^2)+V
\end{aligned}
$$

由此解得

$$
\dot{x}=\frac{p_x}{m}\,,\qquad \dot{p}_x=-\frac{\partial V}{\partial x}
$$

$$
\dot{y}=\frac{p_y}{m}\,,\qquad \dot{p}_y=-\frac{\partial V}{\partial y}
$$

$$
\dot{z}=\frac{p_z}{m}\,,\qquad \dot{p}_z=-\frac{\partial V}{\partial z}
$$

由此可以看出，该系统的哈密顿正则方程取决于势函数 V.

下面我们讨论非有势力系统，即非保守系统的哈密顿正则方程. 对于非有势力系统的哈密顿正则方程我们将通过哈密顿原理推导.

由式(2.4.3)，有更为一般的形式

$$
\delta S=\delta\int_{t_0}^{t_1}L(q_s,\dot{q}_s,t)\mathrm{d}t=\int_{t_0}^{t_1}(\delta T+\delta W)\mathrm{d}t=0 \tag{3.3.11}
$$

其中，系统中所有主动力的虚功 δW 可以写为如下形式：

$$\delta W = -\delta V + \sum_{j=1}^{k} \tilde{Q}_j \delta q_j \tag{3.3.12}$$

上式右边两项分别为有势力和非有势力的虚功. 将上式代入式(3.3.11)，得

$$\int_{t_0}^{t_1} \left(\delta T - \delta V + \sum_{j=1}^{k} \tilde{Q}_j \delta q_j \right) \mathrm{d}t = \int_{t_0}^{t_1} \left(\delta L + \sum_{j=1}^{k} \tilde{Q}_j \delta q_j \right) \mathrm{d}t$$

考虑式(3.3.3)，上式改写为

$$\int_{t_0}^{t_1} \left[\delta \left(\sum_{j=1}^{k} p_j \dot{q}_j - H \right) + \sum_{j=1}^{k} \tilde{Q}_j \delta q_j \right] \mathrm{d}t = 0$$

将上式进行变分运算，得

$$\int_{t_0}^{t_1} \left[\sum_{j=1}^{k} \left(p_j \delta \dot{q}_j + \dot{q}_j \delta p_j - \frac{\partial H}{\partial p_j} \delta p_j - \frac{\partial H}{\partial q_j} \delta q_j \right) + \sum_{j=1}^{k} \tilde{Q}_j \delta q_j \right] \mathrm{d}t = 0$$

运用分部积分和考虑系统始末位置的确定性，将上式整理得

$$\int_{t_0}^{t_1} \left[\sum_{j=1}^{k} \left(\dot{q}_j - \frac{\partial H}{\partial p_j} \delta q_j \right) \delta p_j - \sum_{j=1}^{k} \left(\dot{p}_j + \frac{\partial H}{\partial q_j} - \tilde{Q}_j \right) \delta q_j \right] \mathrm{d}t = 0$$

将式(3.3.9)代入上式，得到

$$\begin{aligned} \dot{q}_j &= \frac{\partial H}{\partial p_j} \\ \dot{p}_j &= -\frac{\partial H}{\partial q_j} + \tilde{Q}_j \end{aligned} \qquad (j = 1, 2, \cdots, n) \tag{3.3.13}$$

上式即为非保守系统的哈密顿正则方程.

下面，我们来看哈密顿函数的物理意义，由于

$$H = \left(\sum_{i=1}^{n} p_i \dot{q}_i - L \right)_{\dot{q} \to p}$$

因为 $p_i = \dfrac{\partial T}{\partial \dot{q}_i}$，故

$$H = \left(\sum_{i=1}^{n} \dot{q}_i \frac{\partial T}{\partial \dot{q}_i} - L \right)_{\dot{q} \to p}$$

由于一般情况下，$T = T_2 + T_1 + T_0$，故

$$\sum_{i=1}^{n}\dot{q}_i\frac{\partial T}{\partial \dot{q}_i}-L=2T_2+T_1-(T_2+T_1+T_0-V)$$
$$=T_2-T_0+V$$

T_2 中 $\dot{q}$ 代换成 p，并以 T_2^* 表示，则哈密顿函数 H 就成为

$$H=T_2^*-T_0+V \tag{3.3.14}$$

对定常系统，$T_0=0,\ T_2^*=T^*$，故

$$H=T^*+V \tag{3.3.15}$$

由此可见，哈密顿函数 H 具有明显的物理意义，它就等于以广义坐标和广义动量表示的系统的总机械能.

3.3.2　哈密顿正则方程的首次积分

由前述

$$H=\left(\sum_{i=1}^{k}p_i\dot{q}_i-L\right)_{\dot{q}\to p}$$

可见，H 与 L 同时含或不含时间 t 或广义坐标 q，当 H 中不显含某一广义坐标 q_j 时，$\dfrac{\partial H}{\partial q_j}=0$，于是有

$$\dot{p}_j=0,\quad p_j=C_j$$

这就是循环积分.

当 H 中不显含时间 t 时，$\dfrac{\partial H}{\partial t}=0$，则

$$\frac{\mathrm{d}H}{\mathrm{d}t}=\sum_{i=1}^{k}\left(\frac{\partial H}{\partial q_i}\frac{\mathrm{d}q_i}{\mathrm{d}t}+\frac{\partial H}{\partial p_i}\frac{\mathrm{d}p_i}{\mathrm{d}t}\right)=0$$

即

$$H=\mathrm{const}$$

这就是说，当哈密顿函数 H 中不显含时间 t 时，H 本身的值将不随时间变化而变化，是一个守恒量. 因为 $H=T_2^*-T_0+V$，就是广义能量积分.

例 3.3.2　如图 3.3.1 所示，水平轨道绕铅垂轴转动，沿轨道有质量为 m 的重物 M 运动，作用在重物上的力势能为 $V(r)$，其中 r 为重物到转轴的距离, 试计算系统哈密顿正则方程的首次积分.

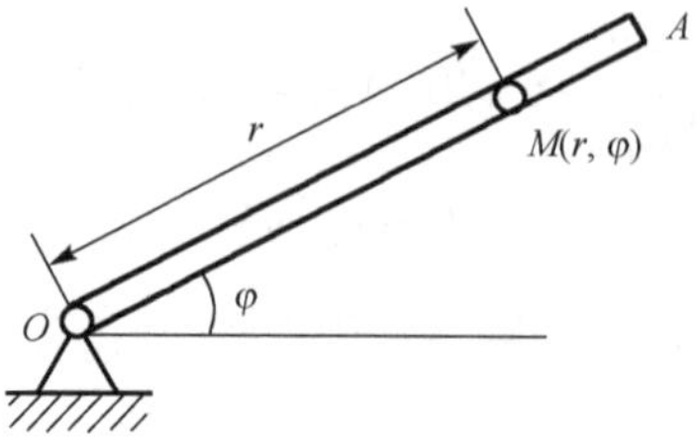

图 3.3.1　水平转动的轨道

解　以φ表示轨道的转角，以$J=md^2$表示轨道对转轴的转动惯量，取r和φ为广义坐标，则

$$T=\frac{1}{2}J\dot{\varphi}^2+\frac{1}{2}m(\dot{r}^2+r^2\dot{\varphi}^2)=\frac{1}{2}m[\dot{r}^2+(r^2+d^2)\dot{\varphi}^2]$$

由此得

$$p_r=\frac{\partial T}{\partial \dot{r}}=m\dot{r}\,,\qquad p_\varphi=\frac{\partial T}{\partial \dot{\varphi}}=m(r^2+d^2)\dot{\varphi}$$

而哈密顿函数为

$$H=\frac{1}{2m}\left(p_r^2+\frac{p_\varphi^2}{r^2+d^2}\right)+V(r)$$

在所给情况下，正则方程为

$$\dot{r}=\frac{p_r}{m}\,,\qquad \dot{p}_r=\frac{rp_\varphi^2}{m(r^2+d^2)^2}-V'(r)$$

$$\dot{\varphi}=\frac{p_\varphi}{m(r^2+d^2)}\,,\qquad \dot{p}_\varphi=0$$

首次积分有

$$\dot{p}_\varphi=0,\quad p_\varphi=c_1,\quad p_r^2+\frac{p_\varphi^2}{r^2+d^2}+2mV(r)=h_1$$

由此说明系统的机械能守恒，为保守系统.

3.3.3　用泊松括号表示的正则方程

首次积分为方程的求解提供了方便，尽可能多地找出系统的首次积分就成了我们感兴趣的问题. 泊松(Poisson)定理为我们提供了从已求出首次积分中去寻找新的首次积分的方法. 为学习泊松定理，先要知道泊松括号.

设φ和ϕ是正则变量q_i、p_i和时间t的函数，即$\varphi=\varphi(q_i,p_i,t)$，$\phi=\phi(q_i,p_i,t)$，$i$=1, 2, ⋯, n. 泊松括号定义为

$$(\varphi,\phi)=\sum_{i=1}^{n}\left(\frac{\partial\varphi}{\partial q_i}\frac{\partial\phi}{\partial p_i}-\frac{\partial\varphi}{\partial p_i}\frac{\partial\phi}{\partial q_i}\right)=\sum_{j=1}^{n}\frac{\partial(\varphi,\phi)}{\partial(q_i,p_i)}\tag{3.3.16}$$

有些教材中泊松括号用中括号，为和后面的拉格朗日括号区分开来，这里用小括号表示.

根据定义，泊松括号有如下重要性质.

(1) 常数 C 与任意函数 φ 所组成的泊松括号为零，即

$$(C,\varphi)=-(\varphi,C)=0\tag{3.3.17}$$

(2) 两个相同函数所组成的泊松括号为零，即

$$(\varphi,\varphi)=(\phi,\phi)=0\tag{3.3.18}$$

(3) 泊松括号中的两个函数交换顺序，则与原来的泊松括号互为相反数，即

$$(\varphi,\phi)=-(\phi,\varphi)\tag{3.3.19}$$

(4) 泊松括号中的两个函数任一个变号，则泊松括号变号，即

$$(-\varphi,\phi)=(\varphi,-\phi)=-(\varphi,\phi)\tag{3.3.20}$$

(5) 泊松括号对 t 的偏导数，为

$$\frac{\partial}{\partial t}(\varphi,\phi)=\left(\frac{\partial\varphi}{\partial t},\phi\right)+\left(\varphi,\frac{\partial\phi}{\partial t}\right)\tag{3.3.21}$$

(6) 若 θ 是正则变量 q_i、 p_i 和时间 t 的函数，即 $\theta=\theta(q_i,p_i,t)$，则有恒等式

$$((\varphi,\phi),\theta)+((\phi,\theta),\varphi)+((\theta,\varphi),\phi)=0\tag{3.3.22}$$

该关系式亦称为雅可比恒等式.

泊松括号还有许多特点和性质，这里不再赘述，读者可以进一步参阅本书所附参考文献. 下面用泊松括号来表示哈密顿正则方程.

根据泊松括号的定义，有

$$(p_j,H)=\sum_{i=1}^{n}\left(\frac{\partial p_j}{\partial q_i}\frac{\partial H}{\partial p_i}-\frac{\partial p_j}{\partial p_i}\frac{\partial H}{\partial q_i}\right)\tag{3.3.23}$$

其中

$$\frac{\partial p_j}{\partial q_i}=0\quad(j=1,2,\cdots,k),\qquad\frac{\partial p_j}{\partial p_i}=\delta_{ji}=\begin{cases}1, & \text{当}\,i=j\,\text{时}\\0, & \text{当}\,i\neq j\,\text{时}\end{cases}$$

因此

$$(p_j,H)=-\frac{\partial H}{\partial q_j}\tag{3.3.24}$$

同理

$$(q_j,H)=\frac{\partial H}{\partial p_j} \tag{3.3.25}$$

由此，哈密顿正则方程(3.3.9)可以用泊松括号表示为

$$\dot{q}_j=(q_j,H),\qquad \dot{p}_j=(p_j,H) \tag{3.3.26}$$

显然，在数学上正则变量 q_j 和 p_j 处于完全相同的地位.

如果已求出系统的首次积分为

$$f(q_j,p_j,t)=C \tag{3.3.27}$$

则有

$$\frac{\mathrm{d}f}{\mathrm{d}t}=\frac{\partial f}{\partial t}+\sum_{j=1}^{n}\left(\frac{\partial f}{\partial q_j}\frac{\mathrm{d}q_j}{\mathrm{d}t}+\frac{\partial f}{\partial p_j}\frac{\mathrm{d}p_j}{\mathrm{d}t}\right)=0 \tag{3.3.28}$$

由于首次积分为正则方程的一个解，因此上式满足正则方程，将正则方程代入，有

$$\frac{\mathrm{d}f}{\mathrm{d}t}=\frac{\partial f}{\partial t}+\sum_{j=1}^{n}\left(\frac{\partial f}{\partial q_j}\frac{\partial H}{\partial p_j}-\frac{\partial f}{\partial p_j}\frac{\partial H}{\partial q_j}\right)=0 \tag{3.3.29}$$

因此

$$\frac{\partial f}{\partial t}+(f,H)=0 \tag{3.3.30}$$

上式即为正则方程的首次积分所应满足的充分必要条件. 如果 f 不显含时间 t，则 $(f,H)=0$. 由此可见，利用泊松括号可以判别系统首次积分，同时也成了求正则方程首次积分的方法.

至此，我们用泊松括号表示了哈密顿正则方程，下面进一步学习泊松定理在求解中的应用.

已知函数 $\varphi(q_i,p_i,t)=C_1$ 和函数 $\phi(q_i,p_i,t)=C_2$ 是正则方程的首次积分，则用泊松括号表示的函数 $(\varphi,\phi)=C_3$ 也是它的首次积分. 这就是泊松定理，亦称雅可比-泊松定理.

例 3.3.3 质量为 m 的质点 M，受向心力的作用，如取力心为坐标原点 O，则质点运动时对 Ox 及 Oy 轴的动量矩守恒，试用泊松定理证明质点 M 对 Oz 轴的动量矩也守恒.

解 取质点 M 的直角坐标 x、y、z 为广义坐标，按质点对 Ox 轴及 Oy 轴动量矩守恒的条件，得到它的正则方程的两个首次积分分别为

$$L_x=ym\dot{z}-zm\dot{y}=yp_z-zp_y=C_1$$

$$L_y=zm\dot{x}-xm\dot{z}=zp_x-xp_z=C_2$$

式中，L_x 和 L_y 分别表示质点对 x 轴和 y 轴的动量矩，根据泊松定理知，$(L_x, L_y) = C_3$ 必定是其首次积分，即

$$(L_x, L_y) = \frac{\partial L_x}{\partial x}\frac{\partial L_y}{\partial p_x} - \frac{\partial L_x}{\partial p_x}\frac{\partial L_y}{\partial x} + \frac{\partial L_x}{\partial y}\frac{\partial L_y}{\partial p_y} - \frac{\partial L_x}{\partial p_y}\frac{\partial L_y}{\partial y} + \frac{\partial L_x}{\partial z}\frac{\partial L_y}{\partial p_z} - \frac{\partial L_x}{\partial p_z}\frac{\partial L_y}{\partial z}$$

上式简化得

$$(L_x, L_y) = xp_y - yp_x = L_z$$

即

$$L_z = C_3$$

L_z 为质点 M 对 Oz 轴的动量矩，因此，质点 M 对 Oz 轴的动量矩守恒，得证.

值得注意的是，应用泊松定理求解首次积分时，似乎只要已知正则方程的两个首次积分，便可连续应用泊松定理求出正则方程的全部首次积分，但事实并非如此. 因为用这样的方法得到的积分常为原积分的线性组合或恒等式，不是独立的，因此，不能由它再求出新的首次积分. 我们将在第 4 章进一步学习求解系统更多首次积分的正则变换方法.

【人物简介】

西莫恩·德尼·泊松(Siméon-Denis Poisson，1781 ~ 1840)，法国数学家、力学家、物理学家. 1781 年 6 月 21 日生于法国卢瓦雷省的皮蒂维耶，1840 年 4 月 25 日卒于法国索镇. 1798 年入巴黎综合工科学校深造，受到拉普拉斯和拉格朗日的赏识. 泊松的科学生涯开始于对微分方程的研究及其在摆的运动与声学理论中的应用. 泊松擅长通过应用数学方法研究各类物理问题，并由此得到数学上的发现. 他对积分理论、流体动力学、行星运动理论、热物理、弹性理论、电磁理论、位势理论、偏微分方程理论和概率论都有重要贡献. 在刚体运动学方面有泊松方程，在分析力学方面有泊松括号、泊松定理等.

3.4　拓 展 阅 读

拉格朗日方程不仅能方便地用于建立完整力学系统的运动微分方程，在工程和物理中有更为广泛的应用. 拉格朗日方程是建立在主动力和惯性力的虚功之和等于零的动力学普遍方程基础之上的，它适用于理想完整的约束系统. 因此，约束反力在方程中是不出现的，这显示出了拉格朗日方程求解多约束系统动力学问题的优越性. 然而，如果问题需要求出系统中某些约束的动力约束反力，则可以把待求反力的那个约束解除而代之以反力，这样就得到一个增加了若干个自由度的新力学系

统，应用拉格朗日方程就可得到包含未知约束反力的运动微分方程，从而可以求出待求的约束反力. 其实，拉格朗日方程还可应用于耗散系统、机电系统、电学系统，甚至变质量系统等运动微分方程的建立.

哈密顿正则方程有其明显的几何意义，即在某一瞬间，质点系的运动状态可用 $2n$ 维空间中的一个点来表示，这个空间的坐标是由 n 个广义坐标与 n 个广义动量组成，我们称这个空间为相空间，其中的点叫做相点. 当 $n=1$ 时，相空间就是一个二维的相平面；当 $n\geqslant 2$ 时，相空间为 4 维以上空间. 质点系的运动过程在相空间中对应着一条相轨迹. 它每一瞬时均反映了质点系的位置与广义动量，哈密顿正则方程则给出了相点的运动速度.

哈密顿正则方程与拉格朗日方程在分析力学中的地位与作用是完全等价的. 由于哈密顿正则方程是采用正则变量，在形式上使方程显得简单而又对称. 于是，哈密顿正则方程在理论上有较高的价值. 特别在理论物理的发展过程中，曾经起着很大的作用. 如在海森伯的量子力学中仍然保留着正则方程的数学形式. 也正因为哈密顿正则方程所采用的是正则变量，在解具体问题时，必须把广义速度变为广义坐标与广义动量的函数. 这对于解决较复杂的问题时，将是一件十分麻烦的事. 在这一点上，若利用拉格朗日方程就可避免这一麻烦. 因此，拉格朗日方程具有较高的实用价值.

拉格朗日方程和哈密顿正则方程通过首次积分找到了不随时间变化的守恒量，即不变量. 这类不变量，包括但不限于广义能量和广义动量，它们是物理规律具有多种对称性的自然结果. 一种对称性通常情况下对应着一个不变量或一条守恒定律. 德国数学家诺特(E. Nother)凭着灵感意识到作用量的每一种连续对称性都将有一个守恒量与之对应. 如哈密顿作用量在时间的平移变换下的不变性对应了能量守恒，在空间的平移变换下的不变性对应了动量守恒，在空间的旋转变换下的不变性对应了动量矩守恒. 对称与守恒在本质上是联系在一起的. 诺特的结论既简单又深刻，感兴趣的读者可进一步研读文献[12]等相关资料.

习 题

3.1 如题 3.1 图所示，刚度系数为 k 的弹簧连接的两个质点 M_1 和 M_2，其质量分别为 m_1 和 m_2. 两质点分别沿坐标轴 Ox 和 Oy 运动，Oy 是竖直的，弹簧长度在未拉紧时等于 l_0，试用拉格朗日方法建立系统的运动微分方程(不计摩擦).

3.2 如题 3.2 图所示，质量为 m，长度为 l 的均质杆与质量为 m_1 的均质圆盘中心用光滑铰链连接，构成一个物理摆. 圆盘在水平导轨上无滑动地滚动，其中心用刚度系数为 k 的弹簧与固定墙连接. 试用拉格朗日方法建立系统的运动微分方程，写出方程的首次积分.

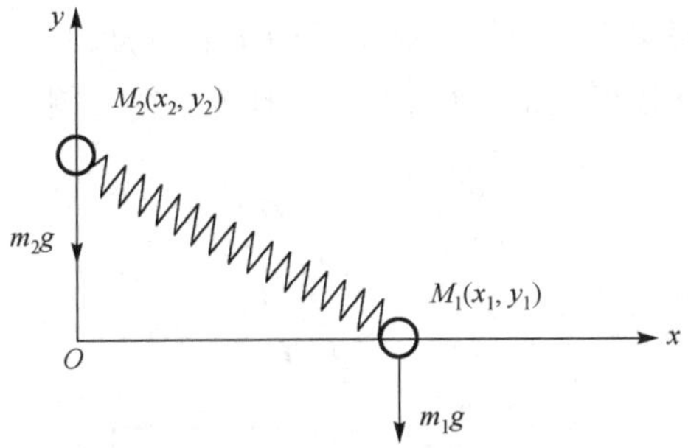

题 3.1 图

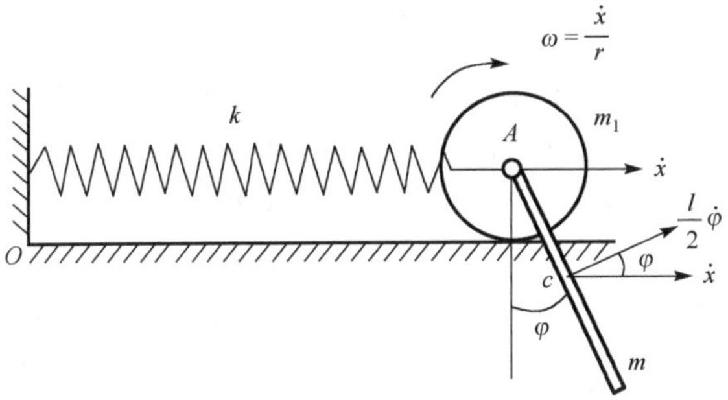

题 3.2 图

3.3　试求由拉格朗日函数 $L = t\sqrt{1+\dot{x}^2}$ 所决定的点的运动规律.

3.4　在势能 $V = -\frac{\gamma}{r}(r = \sqrt{x^2+y^2+z^2})$ 的引力场中，静止质量为 m_0 的相对论性粒子的拉格朗日函数在笛卡儿坐标中具有下列形式：

$$L = -m_0c^2\sqrt{1-(\dot{x}^2+\dot{y}^2+\dot{z}^2)/c^2} + \frac{\gamma}{\sqrt{x^2+y^2+z^2}}$$

式中，c 是光速. 求粒子在球坐标下的拉格朗日函数的表达式，写出运动微分方程和首次积分.

3.5　系统在球坐标中的拉格朗日函数为

$$L = \frac{m}{2}(\dot{r}^2 + r^2\dot{\theta}^2 + r^2\dot{\varphi}^2\sin^2\theta) - aF(\theta)\dot{\varphi}$$

试写出运动微分方程和首次积分.

3.6　势力场为 $V = -\frac{km}{\sqrt{x^2+y^2+z^2}}$ 时用球坐标求解，写出例 3.2.1 中自由质点的运动方程.

3.7　如题 3.7 图所示的做平面运动的倒立摆系统，摆长为 L，质量为 m，摆的质心距转轴的距离为 l，摆的转动惯量为 J，滑块的质量为 M，摆与滑块及滑块与滚轴的摩擦阻力均忽略不计，滑块受到水平的控制力为 Q，设摆杆偏离竖直向上的角度为 θ，滑块的水平位移为 x，试用拉格朗日方程建立倒立摆系统运动微分方程.

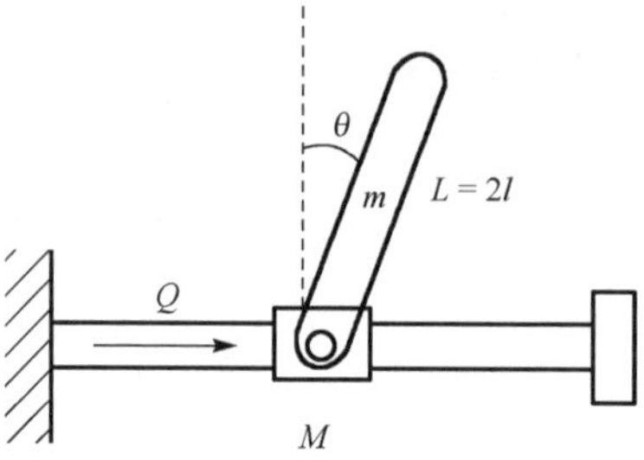

题 3.7 图

3.8　如题 3.8 图所示的双弹簧振子系统，两弹簧参数相同，弹簧两端固定，中间有一质量为 m 的振子. 假设不计弹簧质量和重力的影响，弹簧的刚度系数为 k，弹簧自然长度为 l. 试用拉格朗日方程求系统的运动微分方程.

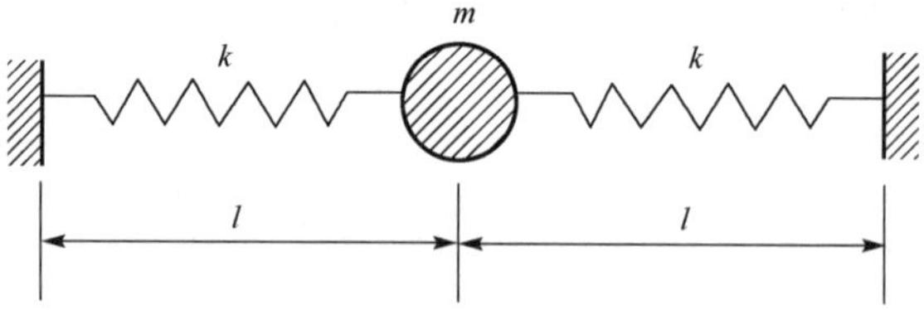

题 3.8 图

3.9　如题 3.9 图所示，旋转圆盘上可变摆长的单摆，其中小球可沿杆移动，且杆 AB 与圆盘的连接点为铰接，即杆 AB 只能在一个平面内来回摆动. 圆盘绕着 O 点转动，且 O 点也为铰接. 已知直杆 AB 与圆盘的连接点 A 与圆盘中心 O 点的间距为 r_0，直杆上弹簧的静平衡位置到 A 点的距离为 l，圆盘的转速为 ω，小球的质量为 m，弹簧的刚度系数为 k. 试由拉格朗日方程求物体的振动微分方程.

3.10　题 3.10 图中点 O 为复摆的转轴，点 C 为复摆的质心，$\overline{OC}=l$，复摆的质量为 m，回转半径为 ρ，转动惯量为 $J_O=m\rho^2$. 应用哈密顿正则方程建立平面复摆的运动微分方程.

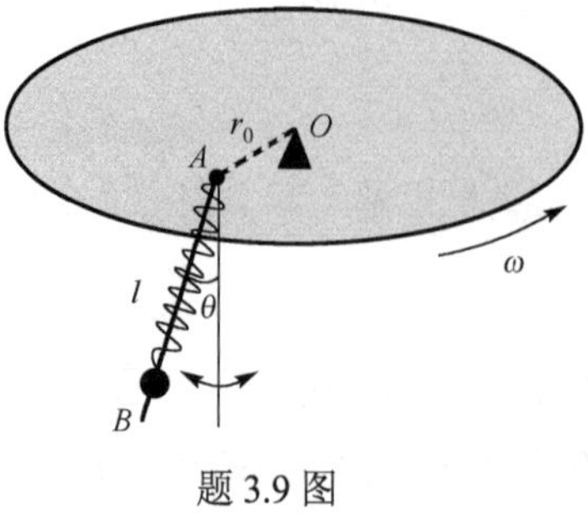

题 3.9 图

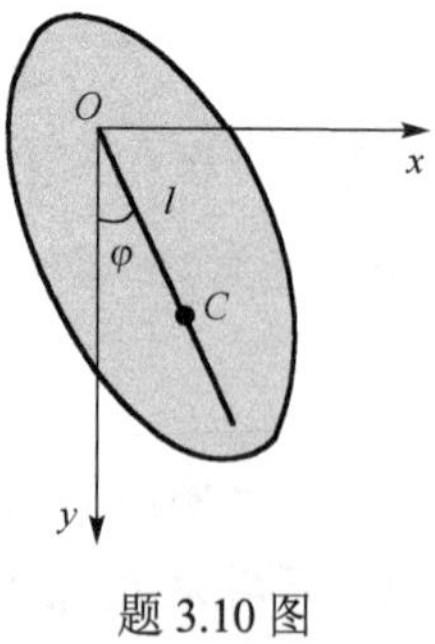

题 3.10 图

第4章 正则变换和哈密顿-雅可比方程

在第2章和第3章中我们主要介绍了建立力学系统动力学微分方程的原理和方法，本章着重阐述研究动力学微分方程的积分问题. 哈密顿和雅可比创立的正则变换理论是正则方程积分理论的核心，它将正则方程组通过扩维降阶后归结为一阶偏微分方程组，并使方程组形式更加简洁，含有更多的循环坐标，从而使工程中复杂问题的求解变得可行.

4.1 正 则 变 换

描述一个力学系统可以采用不同的广义坐标. 如拉格朗日系统中通常用广义坐标 q_i（$i=1,\cdots,n$）描述，也可以用广义坐标 Q_i（$i=1,\cdots,n$）来描述. 这两者之间存在一定的变换关系 $Q_i=Q_i(q_1,q_2,\cdots,q_n)$. 这种变换是将一组旧广义坐标 q_i 所确定的位形空间的一点，变换到一组新的广义坐标 Q_i 所确定的位形空间的一个点. 因此，也称为点变换. 对于一个力学系统来说，描述它的广义坐标的选择不同，不会影响拉格朗日方程的结构.

4.1.1 正则变换的定义

在哈密顿正则系统中，是以正则变量 (t,q_j,p_j)（$j=1,2,\cdots,n$）来描述系统的运动，也可以用另一组正则变量 $(t,\tilde{q}_j,\tilde{p}_j)$（$j=1,2,\cdots,n$）来描述系统的运动. 在 $2n$ 维相空间中，如果坐标变换(在一般情况下，还包含时间 t 作为参数)

$$\begin{cases}\tilde{q}_i=\tilde{q}_i(t,q_j,p_j), \quad j=1,2,\cdots,n \\ \tilde{p}_i=\tilde{p}_i(t,q_j,p_j), \quad i=1,2,\cdots,n \\ \dfrac{\partial(\tilde{q}_1,\ \tilde{p}_1,\cdots,\ \tilde{q}_n,\ \tilde{p}_n)}{\partial(q_1,\ p_1,\cdots,\ q_n,\ p_n)}\neq 0\end{cases} \tag{4.1.1}$$

这里，

$$\frac{\partial(\tilde{q}_1,\ \tilde{p}_1,\cdots,\ \tilde{q}_n,\ \tilde{p}_n)}{\partial(q_1,\ p_1,\cdots,\ q_n,\ p_n)}=\begin{vmatrix} \frac{\partial\tilde{q}_1}{\partial q_1} & \frac{\partial\tilde{q}_1}{\partial p_1} & \cdots & \frac{\partial\tilde{q}_1}{\partial q_k} & \frac{\partial\tilde{q}_1}{\partial p_k} & \cdots & \frac{\partial\tilde{q}_1}{\partial q_n} & \frac{\partial\tilde{q}_1}{\partial p_n} \\ \frac{\partial\tilde{p}_1}{\partial q_1} & \frac{\partial\tilde{p}_1}{\partial p_1} & \cdots & \frac{\partial\tilde{p}_1}{\partial q_k} & \frac{\partial\tilde{p}_1}{\partial p_k} & \cdots & \frac{\partial\tilde{p}_1}{\partial q_n} & \frac{\partial\tilde{p}_1}{\partial p_n} \\ \vdots & \vdots & & \vdots & \vdots & & \vdots & \vdots \\ \frac{\partial\tilde{q}_k}{\partial q_1} & \frac{\partial\tilde{q}_k}{\partial p_1} & \cdots & \frac{\partial\tilde{q}_k}{\partial q_k} & \frac{\partial\tilde{q}_k}{\partial p_k} & \cdots & \frac{\partial\tilde{q}_k}{\partial q_n} & \frac{\partial\tilde{q}_k}{\partial p_n} \\ \frac{\partial\tilde{p}_k}{\partial q_1} & \frac{\partial\tilde{p}_k}{\partial p_1} & \cdots & \frac{\partial\tilde{p}_k}{\partial q_k} & \frac{\partial\tilde{p}_k}{\partial p_k} & \cdots & \frac{\partial\tilde{p}_k}{\partial q_n} & \frac{\partial\tilde{p}_k}{\partial p_n} \\ \vdots & \vdots & & \vdots & \vdots & & \vdots & \vdots \\ \frac{\partial\tilde{q}_n}{\partial q_1} & \frac{\partial\tilde{q}_n}{\partial p_1} & \cdots & \frac{\partial\tilde{q}_n}{\partial q_k} & \frac{\partial\tilde{q}_n}{\partial p_k} & \cdots & \frac{\partial\tilde{q}_n}{\partial q_n} & \frac{\partial\tilde{q}_n}{\partial p_n} \\ \frac{\partial\tilde{p}_n}{\partial q_1} & \frac{\partial\tilde{p}_n}{\partial p_1} & \cdots & \frac{\partial\tilde{p}_n}{\partial q_k} & \frac{\partial\tilde{p}_n}{\partial p_k} & \cdots & \frac{\partial\tilde{p}_n}{\partial q_n} & \frac{\partial\tilde{p}_n}{\partial p_n} \end{vmatrix}$$

将任何哈密顿方程组

$$\dot{q}_i=\frac{\partial H}{\partial p_i},\qquad \dot{p}_i=-\frac{\partial H}{\partial q_i} \tag{4.1.2}$$

仍然变成哈密顿方程组(一般来说，具有另一哈密顿函数)

$$\dot{\tilde{q}}_i=\frac{\partial\tilde{H}}{\partial\tilde{p}_i},\qquad \dot{\tilde{p}}_i=-\frac{\partial\tilde{H}}{\partial\tilde{q}_i} \tag{4.1.3}$$

则变换(4.1.1)称为正则变换，正则变换有时也称为接触变换.

研究正则变换的重要性在于，这种变换有可能将给定的哈密顿方程组(4.1.2)转换为另一个哈密顿方程组(4.1.3)，而方程组(4.1.3)中的函数 $\tilde{H}$ 比方程组(4.1.2)的 H 有较为简单的结构，甚至可致 $\tilde{H}=0$，而得到化零正则变换.

在相空间中，如果依次完成两个正则变换，则其合成变换仍是正则变换. 此外，正则变换的逆变换以及恒等式变换等变换 $\tilde{q}_i=q_i$，$\tilde{p}_i=p_i$ $(i=1,2,\cdots,n)$ 都是正则变换. 因此，全体正则变换构成一个群(符合群的性质).

例 4.1.1　验证变换

$$\tilde{q}_i=\alpha q_i,\quad \tilde{p}_i=\beta p_i\quad (i=1,2,\cdots,n,\alpha\neq 0,\beta\neq 0)$$

是正则变换.

解　针对变换

$$\tilde{q}_i=\alpha q_i,\quad \tilde{p}_i=\beta p_i\quad (i=1,2,\cdots,n,\alpha\neq 0,\beta\neq 0)$$

考虑式(4.1.2)，有

$$\dot{q}_i = \frac{\partial H}{\partial p_i}, \qquad \dot{p}_i = -\frac{\partial H}{\partial q_i}$$

取

$$\tilde{H} = \alpha\beta H$$

则有

$$\frac{\partial \tilde{H}}{\partial \tilde{p}_i} = \alpha\beta \frac{\partial H}{\partial \tilde{p}_i} = \alpha \frac{\partial H}{\partial p_i} = \alpha \dot{q}_i = \dot{\tilde{q}}_i$$

$$\frac{\partial \tilde{H}}{\partial \tilde{q}_i} = \alpha\beta \frac{\partial H}{\partial \tilde{q}_i} = \alpha\beta \frac{\partial H}{\alpha \partial q_i} = -\beta \dot{p}_i = -\dot{\tilde{p}}_i$$

由此得到方程组(4.1.3)，变换为正则变换.

例 4.1.2　验证变换 $\tilde{q}_i = \alpha p_i$，$\tilde{p}_i = \beta q_i$ 是正则的.

解　针对变换

$$\tilde{q}_i = \alpha p_i, \quad \tilde{p}_i = \beta q_i$$

取

$$\tilde{H} = -\alpha\beta H$$

则类似例 4.1.1 的推导过程，$\tilde{H} = -\alpha\beta H$ 将方程组(4.1.2)变成方程组(4.1.3)．因此，变换为正则变换.

例 4.1.3　验证变换 $\tilde{q}_i = p_i \tan t$，$\tilde{p}_i = q_i \cot t$ 是正则的.

解　分别求变换对时间的导数，得

$$\dot{\tilde{q}}_i = \dot{p}_i \tan t + p_i \sec^2 t, \quad \dot{\tilde{p}}_i = \dot{q}_i \cot t - q_i \csc^2 t$$

当取

$$\tilde{H} = -H + \frac{\tilde{p}_i \tilde{q}_i}{\sin t \cos t}$$

时，上式两边对 $\tilde{p}_i$ 求偏导数，有

$$\frac{\partial \tilde{H}}{\partial \tilde{p}_i} = -\frac{\partial H}{\partial \tilde{p}_i} + \frac{1}{\sin t \cos t}\tilde{q}_i, \qquad \frac{\partial \tilde{H}}{\partial \tilde{q}_i} = -\frac{\partial H}{\partial \tilde{q}_i} + \frac{1}{\sin t \cos t}\tilde{p}_i$$

将 $\tilde{p}_i = q_i \cot t$，$\tilde{q}_i = p_i \tan t$ 和 $\dot{q}_i = \frac{\partial H}{\partial p_i}$，$\dot{p}_i = -\frac{\partial H}{\partial q_i}$ 代入上式，则

$$\frac{\partial \tilde{H}}{\partial \tilde{p}_i} = \dot{p}_i \tan t + p_i \sec^2 t = \dot{\tilde{q}}_i, \qquad \frac{\partial \tilde{H}}{\partial \tilde{q}_i} = -\dot{q}_i \cot t + q_i \csc^2 t = -\dot{\tilde{p}}_i$$

由此，可以由方程组(4.1.2)得到方程组(4.1.3)．因此，该变换为正则变换.

4.1.2　正则变换的确定

我们可以从正则方程得到哈密顿原理，反之，从哈密顿原理

$$\delta\int_{t_0}^{t_1} L\mathrm{d}t = 0$$

也可以导出正则方程. 换句话说，要说明自$(q,p)\to(\tilde{q},\tilde{p})$是正则变换，只要证明

$$\delta\int_{t_0}^{t_1} L(q_i,\dot{q}_i,t)\,\mathrm{d}t = \delta\int_{t_0}^{t_1}\left(\sum_{i=1}^{n} p_i\dot{q}_i - H\right)\mathrm{d}t = 0 \tag{4.1.4}$$

和

$$\delta\int_{t_0}^{t_1} \tilde{L}(\tilde{q},\dot{\tilde{q}},t)\,\mathrm{d}t = \delta\int_{t_0}^{t_1}\left(\sum_{i=1}^{n} \tilde{p}_i\dot{\tilde{q}}_i - \tilde{H}\right)\mathrm{d}t = 0 \tag{4.1.5}$$

两者同时成立，亦即对时间积分后，两者差一q和$\tilde{q}$的任意函数$W(q,\tilde{q},t)$的全微分，即

$$c\left[\sum_{i=1}^{n} p_i\dot{q}_i - H(q,p,t)\right] - \left[\sum_{i=1}^{n} \tilde{p}_i\dot{\tilde{q}}_i - \tilde{H}(\tilde{q},\tilde{p},t)\right] = \frac{\mathrm{d}}{\mathrm{d}t}W(q,\tilde{q},t) \tag{4.1.6}$$

式中，c为正则变换的乘子，$W\left(q,\tilde{q},t\right)$为任意函数，称为母函数，将上式对时间$t$积分后成为

$$\int_{t_0}^{t_1}\mathrm{d}W = W(q_i(t_1),\tilde{q}_i(t_1),t_1) - W(q_i(t_0),\tilde{q}_i(t_0),t_0)$$

由于上式右端为固定数，所以

$$\delta\int_{t_0}^{t_1}\mathrm{d}W = 0$$

因而有

$$c\left(\sum_{i=1}^{n} p_i\dot{q}_i - H\right) - \sum_{i=1}^{n}\tilde{p}_i\dot{\tilde{q}}_i + \tilde{H} = \sum_{i=1}^{n}\frac{\partial W}{\partial q_i}\dot{q}_i + \sum_{i=1}^{n}\frac{\partial W}{\partial \tilde{q}_i}\dot{\tilde{q}}_i + \frac{\partial W}{\partial t} \tag{4.1.7}$$

比较等式左右两边的系数有

$$\begin{cases} cp_i = \dfrac{\partial W}{\partial q_i} \\ \tilde{p}_i = -\dfrac{\partial W}{\partial \tilde{q}_i} \\ \tilde{H} = cH + \dfrac{\partial W}{\partial t} \end{cases} \tag{4.1.8}$$

由上面的第一式可解得$\tilde{q}_i$，由第二式可解得$\tilde{p}_i$，从最后一式可解得新的哈密顿函

数 $\tilde{H}$.

在以上变换关系式中，c 也称为变换的价，常见文献[1，13]中，常常只讨论单价正则变换(即 $c=1$)，实际上，任意正则变换的一般形式中应当有任意常数因子 c .

对于等价的正则变换，式(4.1.8)有更为简洁的形式

$$\begin{cases} cp_i = \dfrac{\partial W}{\partial q_i} \\ \tilde{p}_i = -\dfrac{\partial W}{\partial \tilde{q}_i} \\ \tilde{H} = H + \dfrac{\partial W}{\partial t} \end{cases} \tag{4.1.9}$$

例 4.1.4　在 4.1.1 节中讨论过的三个正则变换：

(1) $\tilde{q}_i = \alpha q_i,\ \tilde{p}_i = \beta p_i$；

(2) $\tilde{q}_i = \alpha p_i,\ \tilde{p}_i = \beta q_i$；

(3) $\tilde{q}_i = p_i \tan t,\ \tilde{p}_i = q_i \cot t$.

验证它们的价和母函数 $W(q,\tilde{q},t)$.

解　由式(4.1.8)易知三个正则变换的价和母函数分别为

(1) $c = \alpha\beta,\ W \equiv 0$；

(2) $c = -\alpha\beta,\ W \equiv -\beta\sum q_i\tilde{q}_i$；

(3) $c = -1,\ W \equiv -\cot t\sum q_i\tilde{q}_i$.

具体求解过程如下：

(1) 该变换不显含时间 t，且由于该变换为正则变换，因此由式(4.1.8)的第三式易知 $c=\alpha\beta$. 将此式代入式(4.1.8)的第一式，结合第二式，易知 $W\equiv 0$.

(2) 该变换不显含时间 t，且由于该变换为正则变换，因此由式(4.1.8)的第三式易知 $c=-\alpha\beta$. 将此式代入式(4.1.8)的第一式，得

$$-\alpha\beta p_i = \frac{\partial W}{\partial q_i}$$

即

$$W = -\alpha\beta\sum_{i=1}^{n} p_i q_i + C = -\beta\sum_{i=1}^{n} q_i\tilde{q}_i + C$$

这里，C 为积分常数.

由式(4.1.8)的第二式，同时考虑正则变换，得

$$\tilde{p}_i = -\frac{\partial W}{\partial \tilde{q}_i}$$

由此，可得$C=0$，$W\equiv-\beta\sum_{i=1}^{n}q_i\tilde{q}_i$.

(3) 该变换显含时间t，由式(4.1.8)的第三式易知$c=-1$. 再由式(4.1.8)的第一式和第二式，有

$$-p_i=\frac{\partial W}{\partial q_i}, \qquad q_i=-\frac{\partial W}{\partial p_i}$$

再考虑第三式，有

$$W\equiv-\sum_{i=1}^{n}p_iq_i\equiv-\cot t\sum_{i=1}^{n}q_i\tilde{q}_i$$

一般情况下，当给出一组变换以后，即可根据式(4.1.6)来确定变换是否为正则变换. 反之，如果给出一个母函数$W(q,\tilde{q},t)$，则可根据式(4.1.8)得到一组正则变换. 需要注意的是，在正则变换中，由于变换的广泛性，使得经过变换后的新变量可能不再具有原来的物理意义了.

4.1.3 四种不同母函数的正则变化

选W为$q_i,\tilde{q}_i,t$的函数并不是必须的，现在q_i、p_i、$\tilde{q}_i$、$\tilde{p}_i$、t共有$(4n+1)$个变量，它们被$2n$个变换联系着，所以其中只有$(2n+1)$个变量是独立的，因此可取下列四种不同形式：

$$W_1(q_i,\tilde{q}_i,t),\quad W_2(q_i,\tilde{p}_i,t),\quad W_3(p_i,\tilde{q}_i,t),\quad W_4(p_i,\tilde{p}_i,t)$$

其中，$W_1(q_i,\tilde{q}_i,t)$已讨论过，先讨论后三种.

1) $W_2(q_i,\tilde{p}_i,t)$为母函数

令

$$W_2(q_i,\tilde{p}_i,t)=W_1(q_i,\tilde{q}_i,t)+\sum_{i=1}^{n}\tilde{p}_i\tilde{q}_i \tag{4.1.10}$$

代入式(4.1.6)得

$$c\left[\sum_{i=1}^{n}p_i\dot{q}_i-H(q_i,p_i,t)\right]-\left[\sum_{i=1}^{n}\tilde{p}_i\dot{\tilde{q}}_i-\tilde{H}(\tilde{q}_i,\tilde{p}_i,t)\right]=\frac{\mathrm{d}}{\mathrm{d}t}(W_2-\sum_{i=1}^{n}\tilde{p}_i\tilde{q}_i)$$

整理后得

$$c\left[\sum_{i=1}^{n}p_i\dot{q}_i-H\right]=-\sum_{i=1}^{n}\dot{\tilde{p}}_i\tilde{q}_i-\tilde{H}+\frac{\partial W_2}{\partial t}+\sum_{i=1}^{n}\left(\frac{\partial W_2}{\partial q_i}\dot{q}_i+\frac{\partial W_2}{\partial\tilde{p}_i}\dot{\tilde{p}}_i\right)$$

我们注意到

$$\frac{\mathrm{d}}{\mathrm{d}t}\sum_{i=1}^{n}\tilde{p}_i\tilde{q}_i=\sum_{i=1}^{n}\dot{\tilde{p}}_i\tilde{q}_i+\sum_{i=1}^{n}\tilde{p}_i\dot{\tilde{q}}_i$$

比较两边的系数得

$$\begin{cases}cp_i=\dfrac{\partial W_2}{\partial q_i}\\ \tilde{q}_i=\dfrac{\partial W_2}{\partial \tilde{p}_i}\\ \tilde{H}=cH+\dfrac{\partial W_2}{\partial t}\end{cases}\tag{4.1.11}$$

2) $W_3(p_i,\tilde{q}_i,t)$ 为母函数

令

$$W_3(p_i,\tilde{q}_i,t)=W_1-\sum_{i=1}^{n}p_iq_i\tag{4.1.12}$$

代入式(4.1.6)得

$$c\left(\sum_{i=1}^{n}p_i\dot{q}_i-H\right)-\left(\sum_{i=1}^{n}\tilde{p}_i\dot{\tilde{q}}_i-\tilde{H}\right)=\frac{\mathrm{d}}{\mathrm{d}t}\left(W_3+\sum_{i=1}^{n}p_iq_i\right)$$

整理后为

$$c\left(\sum_{i=1}^{n}p_i\dot{q}_i-H\right)=\sum_{i=1}^{n}\tilde{p}_i\dot{\tilde{q}}_i-\tilde{H}+\left[\frac{\partial W_3}{\partial t}+\sum_{i=1}^{n}\left(\frac{\partial W_3}{\partial p_i}\dot{p}_i+\frac{\partial W_3}{\partial \tilde{q}_i}\dot{\tilde{q}}_i\right)\right]+\sum_{i=1}^{n}\dot{p}_iq_i+\sum_{i=1}^{n}p_i\dot{q}_i$$

比较两边系数得

$$\begin{cases}q_i=-\dfrac{\partial W_3}{\partial p_i}\\ \tilde{p}_i=-\dfrac{\partial W_3}{\partial \tilde{q}_i}\\ \tilde{H}=cH+\dfrac{\partial W_3}{\partial t}-(c-1)\displaystyle\sum_{i=1}^{n}p_i\dot{q}_i\end{cases}\tag{4.1.13}$$

当 $c=1$ 时，上式简化为

$$\begin{cases}q_i=-\dfrac{\partial W_3}{\partial p_i}\\ \tilde{p}_i=-\dfrac{\partial W_3}{\partial \tilde{q}_i}\\ \tilde{H}=H+\dfrac{\partial W_3}{\partial t}\end{cases}\tag{4.1.14}$$

3) $W_4(p_i,\tilde{q}_i,t)$ 为母函数

令

$$W_4(p_i,\tilde{q}_i,t)=W_1(q_i,\tilde{q}_i,t)+\sum_{i=1}^{n}\tilde{p}_i\tilde{q}_i-\sum_{i=1}^{n}p_iq_i \tag{4.1.15}$$

代入式(4.1.6)得

$$c\left[\sum_{i=1}^{n}p_i\dot{q}_i-H(q_i,p_i,t)\right]-\left[\sum_{i=1}^{n}\tilde{p}_i\dot{\tilde{q}}_i-\tilde{H}(\tilde{q}_i,\tilde{p}_i,t)\right]=\frac{\mathrm{d}}{\mathrm{d}t}\left(W_4-\sum_{i=1}^{n}\tilde{p}_i\tilde{q}_i+\sum_{i=1}^{n}p_iq_i\right)$$

整理后得

$$c\left[\sum_{i=1}^{n}p_i\dot{q}_i-H\right]=-\sum_{i=1}^{n}\dot{\tilde{p}}_i\tilde{q}_i-\tilde{H}+\frac{\partial W_4}{\partial t}+\sum_{i=1}^{n}\left(\frac{\partial W_4}{\partial p_i}\dot{p}_i+\frac{\partial W_4}{\partial \tilde{p}_i}\dot{\tilde{p}}_i\right)+\sum_{i=1}^{n}\dot{p}_iq_i+\sum_{i=1}^{n}p_i\dot{q}_i$$

比较两边的系数得

$$\begin{cases}q_i=-\dfrac{\partial W_4}{\partial p_i}\\ \tilde{q}_i=\dfrac{\partial W_4}{\partial \tilde{p}_i}\\ \tilde{H}=cH+\dfrac{\partial W_4}{\partial t}-(c-1)\displaystyle\sum_{i=1}^{n}p_i\dot{q}_i\end{cases} \tag{4.1.16}$$

当 $c=1$ 时，上式简化为

$$\begin{cases}q_i=-\dfrac{\partial W_4}{\partial p_i}\\ \tilde{q}_i=\dfrac{\partial W_4}{\partial \tilde{p}_i}\\ \tilde{H}=H+\dfrac{\partial W_4}{\partial t}\end{cases} \tag{4.1.17}$$

从以上四种正则变换中不难看出，当 $c=1$ 时，无论采用哪一类母函数，原来的变换前后的哈密顿函数间仅差母函数对时间的偏导数；如果母函数不显含时间 t，则两哈密顿函数只是改变了两个变量.

应当注意，在正则变换中，由于变换的广泛性，有可能原来为广义坐标经变换为新的广义动量，而把原来为广义动量换为新的广义坐标. 因此，难以判断哪个是广义坐标哪个是广义动量，也就是经过正则变换后，变量已经失去了原来的物理意义.

例 4.1.5　讨论平面 (q, p) (这里 $n=1$) 上的任一变换

$$\begin{cases}\tilde{q}=\ln\left(\dfrac{1}{q}\sin p\right)\\ \tilde{p}=q\cot p\end{cases}$$

的价及其母函数.

解　将变换代入式(4.1.6). 由于变换中不含时间 t，设要找的函数 W 也不显含时间 t；$W(q，p)$，因此有 $\tilde{H}=cH$，代入式(4.1.6)，得 $c=1$.

由式(4.1.6)有

$$p\mathrm{d}q-\tilde{p}\mathrm{d}\tilde{q}=\mathrm{d}W \tag{1}$$

由上述变换解出

$$p\mathrm{d}q-\tilde{p}\mathrm{d}\tilde{q}=(p+\cot p)\mathrm{d}q-q\cot^2 p\mathrm{d}p=\mathrm{d}(qp+q\cot p)$$

由此，得

$$W=qp+q\cot p \tag{2}$$

4.1.4　变换的正则性准则

考虑不显含时间 t 的正则变换

$$\tilde{q}_i=\tilde{q}_i(q_i,p_i),\quad \tilde{p}_i=\tilde{p}_i(q_i,p_i)\quad \left(i=1,2,\cdots,n;\ \frac{\partial(\tilde{q}_1,\cdots,\tilde{p}_n)}{\partial(q_1,\cdots,p_n)}\neq 0\right) \tag{4.1.18}$$

由式(4.1.6)，正则变换(4.1.18)的判别恒等式可以写成

$$\sum_{i=1}^{n}\tilde{p}_i\mathrm{d}\tilde{q}_i=c\sum_{i=1}^{n}p_i\mathrm{d}q_i-\mathrm{d}K \tag{4.1.19}$$

在此，利用式(4.1.18)将 $\mathrm{d}\tilde{q}_i$ 以 $\mathrm{d}q_j$、$\mathrm{d}p_j$ 表出，即

$$\mathrm{d}\tilde{q}_i=\sum_{j=1}^{n}\frac{\partial\tilde{q}_i}{\partial q_j}\mathrm{d}q_j+\sum_{j=1}^{n}\frac{\partial\tilde{q}_i}{\partial p_j}\mathrm{d}p_j$$

则式(4.1.19)有

$$\sum_{i=1}^{n}\tilde{p}_i\left(\sum_{j=1}^{n}\frac{\partial\tilde{q}_i}{\partial q_j}\mathrm{d}q_j+\sum_{j=1}^{n}\frac{\partial\tilde{q}_i}{\partial p_j}\mathrm{d}p_j\right)-c\sum_{i=1}^{n}p_i\mathrm{d}q_i=-\mathrm{d}K$$

$$\sum_{i=1}^{n}(\varPhi_i\mathrm{d}q_i+\psi_i\mathrm{d}p_i)=-\mathrm{d}K \tag{4.1.20}$$

其中

$$\varPhi_i=\sum_{j=1}^{n}\tilde{p}_j\frac{\partial\tilde{q}_j}{\partial q_i}-cp_i,\qquad \psi_i=\sum_{j=1}^{n}\tilde{p}_j\frac{\partial\tilde{q}_j}{\partial p_i}\quad (i=1,2,\cdots,n) \tag{4.1.21}$$

根据全微分的充要条件，则得如下形式的正则性准则：

$$\frac{\partial \Phi_i}{\partial q_k}=\frac{\partial \Phi_k}{\partial q_i},\quad \frac{\partial \psi_i}{\partial p_k}=\frac{\partial \psi_k}{\partial p_i},\quad \frac{\partial \Phi_i}{\partial p_k}=\frac{\partial \psi_k}{\partial q_i}\quad (i,k=1,2,\cdots,n) \tag{4.1.22}$$

将式(4.1.21)代入式(4.1.22)，经简单变换后可得

$$\begin{cases}\sum_{j=1}^{n}\left(\frac{\partial \tilde{q}_j}{\partial q_i}\frac{\partial \tilde{p}_j}{\partial q_k}-\frac{\partial \tilde{q}_j}{\partial q_k}\frac{\partial \tilde{p}_j}{\partial q_i}\right)=0\\ \sum_{j=1}^{n}\left(\frac{\partial \tilde{q}_j}{\partial p_i}\frac{\partial \tilde{p}_j}{\partial p_k}-\frac{\partial \tilde{q}_j}{\partial p_k}\frac{\partial \tilde{p}_j}{\partial p_i}\right)=0\\ \sum_{j=1}^{n}\left(\frac{\partial \tilde{q}_j}{\partial q_i}\frac{\partial \tilde{p}_j}{\partial p_k}-\frac{\partial \tilde{q}_j}{\partial p_k}\frac{\partial \tilde{p}_j}{\partial q_i}\right)=c\delta_{ik}\end{cases} \tag{4.1.23}$$

其中，δ_{ik} 是克罗内克(Kronecker)记号. 当 $i\neq k$ 时，$\delta_{ik}=1$；当 $i=k$ 时，$\delta_{ik}=0$.

如果引入所谓拉格朗日括号，则式(4.1.23)可以写得更紧凑些，对于两个变量 q、p 的 $2n$ 个已知函数 Φ_i、ψ_i，$i=1, 2, \cdots, n$，拉格朗日括号定义为

$$[q,p]=\sum_{j=1}^{n}\left(\frac{\partial \Phi_j}{\partial q}\frac{\partial \psi_j}{\partial p}-\frac{\partial \Phi_j}{\partial p}\frac{\partial \psi_j}{\partial q}\right)=\sum_{j=1}^{n}\frac{\partial(\Phi_j,\psi_j)}{\partial(q,p)} \tag{4.1.24}$$

利用这些括号，并将式(4.1.18)所确定的函数 $\tilde{q}_i$、$\tilde{p}_i$ 取作 Φ_i、ψ_i，则条件(4.1.23)可以写成

$$[q_i,q_k]=0,\quad [p_i,p_k]=0,\quad [q_i,p_k]=c\delta_{ik}\quad (i,k=1,2,\cdots,n) \tag{4.1.25}$$

这里 c 是正则变换的价.

等式(4.1.25)给出了式(4.1.18)是正则变换的充分必要条件，在变换依赖于时间 t 的情况下，条件(4.1.25)仍然是正确的，只要它对任何 t 值都满足.

因此，我们注意到，正则变换并不是针对某一特定哈密顿函数才能保持其相应的正则方程形式不变的坐标变换，而是指一种坐标变换，它对于任何哈密顿函数，相应的正则方程形式都不变. 换句话说，正则变换与哈密顿函数的选取无关.

4.2　哈密顿-雅可比方程

从 4.1 节的讨论中可以知道，只要给定了母函数，就可以得出两组正则变换量之间的关系式，现在的问题也就在于如何来确定一个适当的母函数，使我们的方程比较容易地得到解答.

我们可以看到，解题是否方便的关键在于经过正则变换后的哈密顿函数具有什么样的形式，最简单的情况是，$\tilde{H}=0$，从哈密顿正则方程可以知道，当 $\tilde{H}=0$ 时，

$$\begin{cases}\dot{\tilde{q}}_i = \dfrac{\partial \tilde{H}}{\partial \tilde{p}_i} = 0 \\ \dot{\tilde{p}}_i = -\dfrac{\partial \tilde{H}}{\partial \tilde{q}_i} = 0\end{cases} \quad (i = 1, 2, \cdots, n) \tag{4.2.1}$$

从而我们有

$$\begin{cases}\tilde{q}_i = \alpha_i \\ \tilde{p}_i = \beta_i\end{cases} \quad (i = 1, 2, \cdots, n) \tag{4.2.2}$$

α_i、β_i 为积分常数，这就是说，如果正则变换后的哈密顿函数等于零，那么变换后的“坐标”和“动量”都成为常数.

我们知道，不论哪一类母函数，都有关系式

$$\tilde{H} = H + \frac{\partial W}{\partial t}$$

令 $\tilde{H} = 0$，则有

$$H + \frac{\partial W}{\partial t} = 0 \tag{4.2.3}$$

其中，$H=H(q, p, t)$，而 W 为母函数.

从下面可以看到，取第二类母函数较为方便，令

$$W = W_2(q, \tilde{p}, t) = F_2(q, \beta_i, t) \tag{4.2.4}$$

对于第二类母函数，有

$$p_i = \frac{\partial W_2}{\partial q_i} \quad (i = 1, 2, \cdots, n) \tag{4.2.5}$$

于是式(4.2.3)可写成如下的形式

$$\frac{\partial W_2}{\partial t} + H\left(q_1, \cdots, q_n, \frac{\partial W_2}{\partial q_1}, \cdots, \frac{\partial W_2}{\partial q_n}, t\right) = 0 \tag{4.2.6}$$

从这个方程可以确定母函数 W_2. 可以看到，这是一个以 n 个坐标 q 和时间 t 为自变量的偏微分方程，由哈密顿在 1834 年建立，一般称为哈密顿-雅可比方程. 如果选择其他类型的母函数，则可得到类似的哈密顿-雅可比方程. 读者可以参考文献[14]自行推导.

在哈密顿-雅可比方程中方程共有 n+1 个独立变量，所以它的完全积分应有 n+1 个积分常数. 同时，由于在方程中只包含未知函数 W_2 对自变量 q 与 t 的偏导数而函数 W_2 本身并不出现，所以在这 n+1 个常函数中有一个是相加的，即 W_2 可以写成

$$W_2 = S(q_1, \cdots, q_n, \beta_1, \cdots, \beta_n) + \beta_0 \tag{4.2.7}$$

这是很明显的. 由于在方程中并不包含 W_2 本身而只有它的偏导数，所以，如果 $W_2=S$ 是方程的解，那么加上一个常数后，即 $W_2=S+\beta_0$ 仍是方程的解，并且这个常数实际上是毫无用处的，因为以后我们用到的只是 W_2 对 q 的偏导数.

由 n 个独立变量 q 和 n 个常数 β 组成的函数 S 称为哈密顿主函数.

由式(4.2.6)求得 W_2 后，就可以得到

$$\begin{aligned} p_i &= \frac{\partial W_2}{\partial q_i} = \frac{\partial S(q,\beta,t)}{\partial q} \\ \tilde{q}_i &= \frac{\partial W_2}{\partial \tilde{p}_i} = \frac{\partial S(q,\beta,t)}{\partial \beta} \end{aligned} \tag{4.2.8}$$

由于 $\tilde{q}_i=\alpha_i$，于是，上面第二式成为

$$\frac{\partial S(q,\beta,t)}{\partial \beta_i} = \alpha_i \quad (i=1,2,\cdots,n) \tag{4.2.9}$$

从而我们可以很方便地得到

$$q_i = q_i(\alpha,\beta,t) \quad (i=1,2,\cdots,n) \tag{4.2.10}$$

这就是我们要的解答. 其中的积分常数 α、β 可以根据起始坐标和起始动量来决定.

下面，我们来讨论哈密顿主函数 S 的意义.

由于

$$S = S(q,\beta,t)$$

故

$$\frac{\mathrm{d}S}{\mathrm{d}t} = \frac{\partial S}{\partial t} + \sum \frac{\partial S}{\partial q_i}\dot{q}_i$$

又因为

$$\frac{\partial S}{\partial t} = \frac{\partial W_2}{\partial t} = -H$$

而

$$\frac{\partial S}{\partial q_i} = \frac{\partial W_2}{\partial q_i} = p_i$$

因此

$$\frac{\mathrm{d}S}{\mathrm{d}t} = \frac{\partial S}{\partial t} + \sum_{i=1}^{n} p_i\dot{q}_i = \sum_{i=1}^{n} p_i\dot{q}_i - H = L$$

即

$$S=\int_{t_1}^{t_2}L\mathrm{d}t$$

由此可见，哈密顿主函数也就是哈密顿作用量.

根据上面的讨论，可得雅可比定理.

定理 4.2.1　设

$$W_2=S(q_1,\cdots,q_n,\beta_1,\cdots,\beta_n,t)+\beta_0$$

为哈密顿-雅可比方程

$$\frac{\partial S}{\partial t}+H\left(q_1,\cdots,q_n,\frac{\partial S}{\partial q_1},\cdots,\frac{\partial S}{\partial q_n},t\right)=0$$

的完全积分，则

$$\frac{\partial S}{\partial \beta_i}=\alpha_i$$

$$\frac{\partial S}{\partial q_i}=p_i$$

为正则方程

$$\dot{q}_i=\frac{\partial H}{\partial p_i}$$

$$\dot{p}_i=-\frac{\partial H}{\partial q_i}$$

的解.

例 4.2.1　已知单自由度谐振子的哈密顿函数为 $H=\frac{1}{2}\left(\frac{p^2}{m}+kq^2\right)$，试用哈密顿-雅可比方法求解.

解　首先根据哈密顿函数建立哈密顿-雅可比方程. 根据式(4.2.5)将哈密顿函数中的 p 用 $\frac{\partial W_2}{\partial q}$ 替代，然后考虑哈密顿-雅可比方程(4.2.6)可得

$$\frac{1}{2}\left[\frac{1}{m}\left(\frac{\partial W_2}{\partial q}\right)^2+kq^2\right]+\frac{\partial W_2}{\partial t}=0 \tag{1}$$

由上式可以看出，W_2 是 t、q 的函数，并且只有最后一项含 t，故假设

$$W_2(q,t,\beta)=W(q,\beta)-\beta t \tag{2}$$

其中，β 为积分常数，也是变换后的动量. 将式(2)代入式(1)得

$$\frac{1}{2m}\left(\frac{\partial W}{\partial q}\right)^2 + \frac{1}{2}kq^2 = \beta \tag{3}$$

上式改写为

$$\frac{\partial W}{\partial q} = \sqrt{mk}\sqrt{\frac{2\beta}{k} - q^2} \tag{4}$$

直接积分，得

$$W = \sqrt{mk}\int\sqrt{\frac{2\beta}{k} - q^2}\,\mathrm{d}q \tag{5}$$

从而有

$$W_2 = \sqrt{mk}\int\sqrt{\frac{2\beta}{k} - q^2}\,\mathrm{d}q - \beta t \tag{6}$$

考虑式(4.2.9)，可直接将上式对 β 求导，得

$$\alpha = \frac{\partial W_2}{\partial \beta} = \sqrt{\frac{m}{k}}\int\left(\frac{2\beta}{k} - q^2\right)^{-\frac{1}{2}}\mathrm{d}q - t \tag{7}$$

对上式积分，得

$$\alpha + t = -\sqrt{\frac{m}{k}}\arccos q\sqrt{\frac{k}{2\beta}} \tag{8}$$

上式整理可得

$$q = \sqrt{\frac{2\beta}{k}}\cos\omega(t+\alpha), \quad \omega = \sqrt{\frac{k}{m}} \tag{9}$$

另一正则变量

$$p = \frac{\partial W_2}{\partial q} = \sqrt{mk}\sqrt{\left(\frac{2\beta}{k} - q^2\right)} = m\omega\sqrt{\frac{2\beta}{k}}\sin\omega(t+\alpha) \tag{10}$$

以上我们通过一个简单的动力学问题阐述了用哈密顿-雅可比方程求解问题的基本方法和步骤，可为求解更为复杂的问题做准备.

4.3　哈密顿函数不显含时间的哈密顿-雅可比方程

若哈密顿函数不显含时间 t 时，

$$H = H(q, p) \tag{4.3.1}$$

于是，哈密顿-雅可比方程为

$$\frac{\partial S}{\partial t}+H\left(q,\frac{\partial S}{\partial q}\right)=0 \tag{4.3.2}$$

由于式(4.2.2)中不显含时间 t 而只有对它的偏导数，故可以把这个独立变量分离出来. 令

$$S=W(q)-Et \tag{4.3.3}$$

其中，E 为常数，则

$$\begin{aligned}&\frac{\partial S}{\partial t}=-E\\&\frac{\partial S}{\partial q}=\frac{\partial W}{\partial q}\end{aligned} \tag{4.3.4}$$

于是可得

$$H\left(q,\frac{\partial W}{\partial q}\right)=E$$

这就是当哈密顿函数中不显含时间 t 时的哈密顿-雅可比方程，在这个方程中不再包含变量 t，这个方程的完全积分为

$$W=W(q_1,\cdots,q_n,\beta_1,\cdots,\beta_{n-1},E)+\beta_0 \tag{4.3.5}$$

注意到 W 中所包含的一个常数 E 相当于前面的 β_n，函数 W 称为哈密顿特性函数，于是哈密顿主函数

$$W=W(q_1,\cdots,q_n,\beta_1,\cdots,\beta_{n-1},E)-Et \tag{4.3.6}$$

根据雅可比定理，则得到正则方程的积分为

$$\begin{cases}\dfrac{\partial S}{\partial \beta_i}=\alpha_i\\[2mm]\dfrac{\partial S}{\partial \beta_n}=\dfrac{\partial S}{\partial E}=\alpha_n\\[2mm]\dfrac{\partial S}{\partial q_i}=p_i\end{cases} \tag{4.3.7}$$

上面的积分也可以写成

$$\begin{cases}\dfrac{\partial W}{\partial \beta_i}=\alpha_i\\[2mm]\dfrac{\partial W}{\partial E}=t+\alpha_n\\[2mm]\dfrac{\partial W}{\partial q_i}=p_i\end{cases} \tag{4.3.8}$$

上式中第一式表示的 $n-1$ 个积分称为几何积分. 这些积分不包含时间 t 而在 n 维空间中确定一条曲线，这曲线就是质点系统在 n 维空间运动时的“轨迹”. 第二式中包含了时间 t，这一积分称为运动积分，它给出了在 n 维空间代表质点系统的一个点在“轨迹”上的运动规律. 第三式所表示的 n 个积分称为中间积分，它给出了动量 p，在根据起始条件决定积分常数时，需用到他们.

下面我们利用哈密顿-雅可比方程来研究例 4.2.1 中谐振子的运动.

一维谐振动的哈密顿函数可以写成

$$H(q,p)=\frac{p^2}{2m}+\frac{kq^2}{2}$$

由于 H 中不显含时间 t，于是哈密顿-雅可比方程为

$$\frac{1}{2m}\left(\frac{\partial W}{\partial q}\right)^2+\frac{kq^2}{2}=E$$

这里，E 就是系统的总能量. 由上式得

$$\begin{aligned}W&=\int\sqrt{2m\left(E-\frac{kq^2}{2}\right)}\mathrm{d}q\\&=\sqrt{mk}\int\sqrt{\frac{2E}{k}-q^2}\,\mathrm{d}q\\&=\frac{1}{2}\sqrt{mk}\left[q\sqrt{\frac{2E}{k}-q^2}+\frac{2E}{k}\arcsin q\sqrt{\frac{k}{2E}}\right]\end{aligned}$$

故正则方程的积分为

$$\frac{\partial W}{\partial E}=t+\alpha,\quad \frac{\partial W}{\partial q}=p$$

于是有

$$t+\alpha=\frac{\partial W}{\partial E}=\sqrt{\frac{m}{k}}\arcsin\left[q\sqrt{\frac{k}{2E}}\right]$$

$$p=\frac{\partial W}{\partial q}=\sqrt{2m\left(E-\frac{kp^2}{2}\right)}$$

由上面的第一式给出了

$$q=\sqrt{\frac{2k}{E}}\sin\left[\sqrt{\frac{k}{m}}(t+\alpha)\right]$$

例 4.3.1 试用哈密顿-雅可比方程来研究自由质点在向心力作用下的平面运动.

解　如图 3.2.1 所示，自由质点在向心力作用下做平面运动，如取 r、θ 为广义坐标，有

$$T=\frac{m}{2}(\dot{r}^2+r^2\dot{\theta}^2),\qquad V=V(r)$$

对上式分别求广义速度的导数，得

$$p_r=\frac{\partial T}{\partial \dot{r}},\quad p_\theta=\frac{\partial T}{\partial \dot{\theta}}$$

根据式(3.3.15)，定常系统的哈密顿函数为

$$H=\frac{1}{2m}\left[p_r^2+\left(\frac{p_\theta}{r}\right)^2\right]+V$$

由于 H 不显含 t，故哈密顿-雅可比方程为

$$\frac{1}{2m}\left[\left(\frac{\partial W}{\partial r}\right)^2+\frac{1}{r^2}\left(\frac{\partial W}{\partial \theta}\right)^2\right]+V=E$$

由于不显含 θ，令

$$W(r,\theta)=W_1(r)+\beta_0\theta$$

于是

$$\frac{1}{2m}\left[\left(\frac{\mathrm{d}W_1}{\mathrm{d}r}\right)^2+\left(\frac{\beta_0}{r}\right)^2\right]+V=E$$

于是

$$W_1=\int\sqrt{2m(E-V)-\left(\frac{\beta_0}{r}\right)^2}\,\mathrm{d}r$$

从而得到

$$W(r,\theta)=\int\sqrt{2m(E-V)-\left(\frac{\beta_0}{r}\right)^2}\,\mathrm{d}r+\beta_\theta\theta$$

于是有几何积分

$$\frac{\partial W}{\partial \beta_\theta}=\alpha_\theta,\qquad \theta-\int\frac{\beta_0\mathrm{d}r}{r^2\sqrt{2m(E-V)-\left(\frac{\beta_0}{r}\right)^2}}=\alpha_0$$

从而决定质点的轨道.

运动积分 $\dfrac{\partial W}{\partial E}=\alpha+t$，则

$$\int \frac{m\mathrm{d}r}{\sqrt{2m(E-V)-\left(\frac{\beta_0}{r}\right)^2}}=\alpha+t$$

中间积分

$$p_r=\frac{\partial W}{\partial r}=2m(E-V)-\left(\frac{\beta_0}{r}\right)^2,\quad p_\theta=\frac{\partial W}{\partial \theta}=\beta_0$$

4.4 拓展阅读

从第 3 章和本章内容我们知道，正则方程虽然具有形式简单、结构对称的优点，但直接积分以求封闭形式的解析解时，并未因此而减少多少困难. 由正则方程求解力学系统的过程可以看出，系统的哈密顿函数中循环坐标越多，求解就越简单. 一个力学系统的哈密顿函数中是否存在循环坐标除了与系统本身有关外，还依赖于正则变量的选择，我们希望能在保持正则方程的简洁形式下，通过变换来使力学系统具有尽可能多的循环坐标，甚至全部是循环坐标，从而达到简化运动微分方程的目的. 哈密顿所提出的正则变换理论为正则方程的求解开辟了一条新的途径. 通过正则变换，如果新的哈密顿函数的结构比原来的哈密顿函数简单，就可能出现这样的情况，用新变量表示的运动方程比原方程易于积分. 我们的目的就是要寻求建立在变换理论上的正则方程的积分方法，这里提出了两个问题：一是如何建立正则变换，或新旧变量要满足什么条件才能实现正则变换；二是如何使变换后的哈密顿函数具有最简单的形式. 哈密顿和雅可比分别用不同方法推导得到哈密顿-雅可比方程，该方程为一阶二次偏微分方程，用最简单的新哈密顿函数(等于零)给出了寻找母函数的方法. 由此，哈密顿正则方程的优越性更为明显，在利用哈密顿-雅可比方程后所得到的结果十分普遍，可以同时得出动量、运动轨道以及运动规律. 这是拉格朗日方程所不能比拟的. 同时我们还应该指出，哈密顿-雅可比方程不仅对力学本身的发展起了很大的作用，而且在发展天体力学的摄动理论以及在近代原子物理的发展过程中都曾经起过重要的作用. 因此，它在理论物理中占了很重要的地位.

分析力学的发展过程中形成了许多独特的积分方法，如拉格朗日方程的惠特克(Whittaker)降阶法和劳斯降阶法、哈密顿方程的正则变换、积分不变量、泊松方法、哈密顿-雅可比方法、雅可比最终乘子法等. 除这些经典方法外，还有一些近代方法，如场积分方法、诺特对称性方法、李(Lie)对称性方法、形式不变性方法、拉格朗日对称性方法等. 读者可查阅参考文献[15,16]进一步研读.

习 题

4.1 指明下列变换的正则性，并求出变换的价和母函数:

(1) $Q=q+p$, $P=2q\{\exp[(q+p)^2]+1\}+2p\{\exp[(q+p)^2]-1\}$;

(2) $Q=q^{-2}+\ln(tpq^3)$, $P=pq^3+tpq^3\exp\left(\dfrac{1}{q^2}\right)$.

4.2 试证 $q_j=\sqrt{2\lambda_j}\cos\varphi_j$，$p_j=\sqrt{2\lambda_j}\sin\varphi_j$，$j=1, 2, \cdots, n$ 是正则变换，并求变换的价 c 和母函数.

4.3 对哈密顿函数为

$$H=(p+q)^2\exp[2(p+q)^2]+2(p^2-q^2)\exp[(p+q)^2]+2(p^2+q^2)$$

的方程施加变换

$$Q=q+p,\ P=2p\{\exp[(q+p)^2]+1\}+2q\{\exp[(q+p)^2]-1\}$$

试验证变换肯定是正则变换，求变换后的系统的哈密顿函数.

4.4 在平面上运动的质量为 m 的质点与两个固定中心 A 和 B 相互作用. A 和 B 之间的距离为 $2c$. 相互作用势等于

$$V=-\left(\frac{\gamma_1}{r_1}+\frac{\gamma_2}{r_2}\right)$$

其中，$r_1=\sqrt{(x-c)^2+y^2}$，$r_2=\sqrt{(x+c)^2+y^2}$ 是引力中心到质点的距离，而 γ_1 和 γ_2 是常数. 试求哈密顿-雅可比方程的全积分.

4.5 应用哈密顿-雅可比方法，求解单自由度质点的线性谐振动. 设系统的哈密顿函数为

$$H=\frac{p^2}{2m}+\frac{kq^2}{2}$$

4.6 质量为 m 的质点在有势力场中运动，已知势能函数为

$$V=\frac{\alpha}{r^2}-\frac{\beta z}{r^3}$$

式中，α 和 β 为常量，r 为质点的矢径，z 为质点在直角坐标系中的 z 分量. 试求该系统哈密顿-雅可比方程的全积分.

第 5 章 变分原理和拉格朗日方程的应用

前面章节重点介绍了分析力学中的基本原理和拉格朗日方程的结构和特点，以及它们在离散质点系系统和刚体系统动力学中的应用. 本章首先阐述力学原理与方程之间的联系，再结合工程中较为普遍的一维连续体结构重点阐述分析力学的变分原理和拉格朗日方程在弹性体动力学建模中的应用，以培养读者利用分析力学解决工程实际问题的能力.

5.1 虚位移原理的应用

5.1.1 虚位移原理拓展

在第 2 章中我们介绍了虚位移原理以及其广义坐标的表示，并通过实例讲述了虚位移原理在刚体系统静动力学中的应用. 对双面理想约束，质点系平衡的充分必要条件是主动力在虚位移上所做元功之和等于零，其表达式如式(2.1.1)所示. 对双面约束系统，其平衡的充分必要条件是主动力和约束力在虚位移上所做的元功之和等于零，表示为

$$\sum_{i=1}^{N}(\boldsymbol{F}_i+\boldsymbol{F}_{Ni})\cdot\delta\boldsymbol{r}_i=0 \tag{5.1.1}$$

这里，$\boldsymbol{F}_{Ni}$ 为质点所受的约束力. 尽管虚位移原理的表述是基于离散质点系统，我们认为它同样适用于弹性连续的质点系，相应的证明读者可以参阅文献[17-19].

对于图 5.1.1 所示的一个处于平衡状态下的(静平衡或动平衡)弹性连续体，当产生几何约束所容许的虚位移时，外力虚功等于虚应变能.

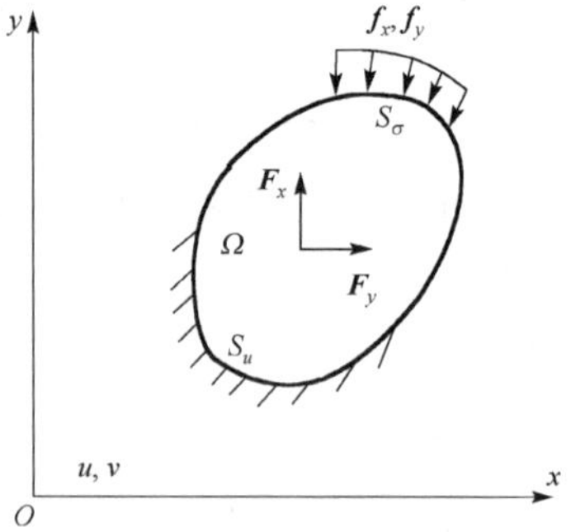

图 5.1.1 外力作用下的弹性连续体

设有如图 5.1.1 所示弹性体，在弹性体内(定义为域Ω)处处受体力分量$\boldsymbol{F}_x$和$\boldsymbol{F}_y$的作用. 在一部分边界S_σ上有面力$\boldsymbol{f}_x$和$\boldsymbol{f}_y$. 在另一部分边界S_u上受约束. 当弹性体产生了约束所容许的虚位移δu和δv，由于发生虚位移的过程中应力是常数，则虚应变能(即虚变形功)可以表示为

$$\delta \Pi = \iint_{\Omega} (\sigma_x \delta\varepsilon_x + \sigma_y \delta\varepsilon_y + \tau_{xy}\delta\gamma_{xy})\,\mathrm{d}x\mathrm{d}y \tag{5.1.2}$$

其中，虚应变分量$\delta\varepsilon_x$、$\delta\varepsilon_y$和$\delta\gamma_{xy}$为虚位移相应的变分. 它们是

$$\delta\varepsilon_x = \delta\left(\frac{\partial u}{\partial x}\right) = \frac{\partial}{\partial x}(\delta u)$$

$$\delta\varepsilon_y = \delta\left(\frac{\partial v}{\partial y}\right) = \frac{\partial}{\partial y}(\delta v)$$

$$\delta\gamma_{xy} = \delta\left(\frac{\partial v}{\partial x} + \frac{\partial u}{\partial y}\right) = \frac{\partial}{\partial x}(\delta v) + \frac{\partial}{\partial y}(\delta u)$$

体力和面力等外力在发生虚位移的过程中保持不变，所以外力虚功为

$$\delta W = \iint_{\Omega} (\boldsymbol{F}_x \delta u + \boldsymbol{F}_y \delta v)\,\mathrm{d}x\mathrm{d}y + \int_{S_\sigma} (\boldsymbol{f}_x \delta u + \boldsymbol{f}_y \delta v)\,\mathrm{d}s \tag{5.1.3}$$

式中，边界第一项积分是弹性体内的体力虚功，包括惯性力虚功；第二项积分是应力边界上的面力虚功.

由此，可得到弹性体的虚位移原理

$$\delta \Pi = \delta W \tag{5.1.4}$$

对于三维弹性体，上式中的虚应变能和外力虚功可进一步表示为

$$\delta \Pi = \int_V \sigma_{ij}\delta\varepsilon_{ij}\mathrm{d}V \tag{5.1.5}$$

$$\delta W = \int_{\Omega} f_i \delta u_i \mathrm{d}V + \int_{S_\sigma} p_i \delta u_i \mathrm{d}V \tag{5.1.6}$$

这里，σ_{ij}和ε_{ij}分别为弹性体的应力和应变张量，$i,j=1,2,3$；f_i和p_i分别为弹性体内部的体力和表面的分布力，体力包含惯性力. 推导过程可进一步参阅文献[20-22].

下面以直杆的轴向振动为实例做进一步的阐述.

5.1.2　直杆的轴向振动方程

一般将又细又长的构件称为杆件. 图 5.1.2 所示为直杆的轴向振动模型. 设杆的单位长度质量为ρA，弹性模量为E，轴向作用集度为p的均布荷载. 纵轴为x轴，则坐标为x的任一横截面的位移是x和t的函数$u(x,t)$.

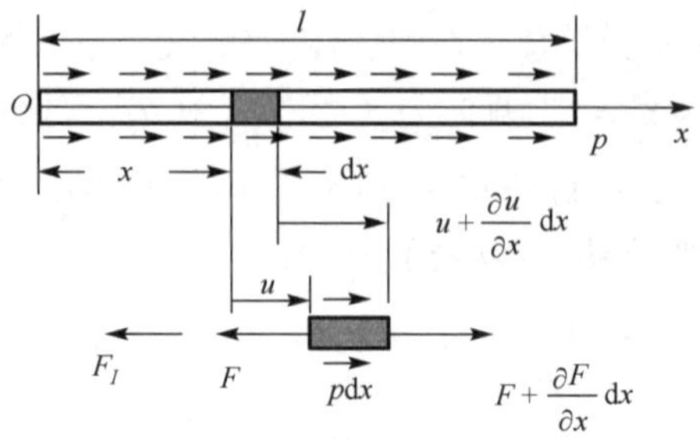

图 5.1.2　直杆的轴向振动模型

假定 $u(x,t)$ 为可分离变量，并可表示为广义坐标 $q_i(t)$ 和模态函数 $\varphi_i(x)$ 乘积的线性叠加，即

$$u(x,t)=\sum_{i=1}^{N}\varphi_i(x)q_i(t) \tag{5.1.7}$$

杆的势能可表示为

$$V=\frac{1}{2}\int_0^l EAu'^2\mathrm{d}x \tag{5.1.8}$$

则在任意时刻 t 给定虚位移 $\delta u(x,t)$ 系统内力做的虚功为势能的变分，即

$$\delta V=\int_0^l EAu'\delta(u')\mathrm{d}x \tag{5.1.9}$$

这里一撇表示对空间变量 x 的导数. 将式(5.1.7)代入式(5.1.9)，考虑连续体线性模态的正交性，得

$$\begin{aligned}\delta V&=\int_0^l EA\sum_{i=1}^{N}\varphi_i'(x)q_i(t)\delta\left(\sum_{i=1}^{N}\varphi_i'(x)q_i(t)\right)\mathrm{d}x\\&=EA\int_0^l\sum_{i=1}^{N}\sum_{j=1}^{N}\varphi_i'(x)q_i(t)\varphi_j'(x)\delta q_j(t)\mathrm{d}x\\&=EA\sum_{i=1}^{N}\sum_{j=1}^{N}\int_0^l\varphi_i'(x)q_i(t)\varphi_j'(x)\delta q_j(t)\mathrm{d}x\\&=EA\sum_{i=1}^{N}\int_0^l\varphi_i'^2(x)\mathrm{d}xq_i(t)\delta q_i(t)\end{aligned} \tag{5.1.10}$$

惯性力做虚功

$$\delta W_{F_\mathrm{I}}=\int_0^l(-\rho A\ddot{u})\delta u\mathrm{d}x \tag{5.1.11}$$

将式(5.1.7)代入上式，考虑连续体线性模态的正交性，得

$$\begin{aligned}\delta W_{F_1} &= \int_0^l (-\rho A\ddot{u})\delta u\mathrm{d}x \\ &= \int_0^l \left(-\rho A\sum_{i=1}^N \varphi_i(x)\ddot{q}_i(t)\right)\left(\sum_{i=1}^N \varphi_i(x)\delta q_i(t)\right)\mathrm{d}x \\ &= -\rho A\sum_{i=1}^N\sum_{j=1}^N\int_0^l \varphi_i(x)\varphi_j(x)\ddot{q}_i(t)\delta q_j(t)\mathrm{d}x \\ &= -\rho A\sum_{i=1}^N\int_0^l \varphi_i^2(x)\mathrm{d}x\ddot{q}_i(t)\delta q_i(t)\end{aligned} \tag{5.1.12}$$

主动力(外荷载)做虚功

$$\delta W_p = \int_0^l p(x,t)\delta u\mathrm{d}x \tag{5.1.13}$$

将式(5.1.7)代入上式，得

$$\begin{aligned}\delta W_p &= \int_0^l p(x,t)\delta u\mathrm{d}x \\ &= \int_0^l p(x,t)\delta\left(\sum_{i=1}^N \varphi_i(x)q_i(t)\right)\mathrm{d}x \\ &= \int_0^l \left(\sum_{i=1}^N p(x,t)\varphi_i(x)\delta q_i(t)\right)\mathrm{d}x \\ &= \sum_{i=1}^N\int_0^l \varphi_i(x)\mathrm{d}x p(t)\delta q_i(t)\end{aligned} \tag{5.1.14}$$

从而根据虚位移原理(5.1.4)，得

$$\sum_{i=1}^N\left[\int_0^l \varphi_i(x)\mathrm{d}x p(t) - \rho A\int_0^l \varphi_i^2(x)\mathrm{d}x\ddot{q}_i(t) - EA\int_0^l \varphi_i'^2(x)\mathrm{d}x q_i(t)\right]\delta q_i(t) = 0 \tag{5.1.15}$$

上式成立，由于虚位移不等于零，进而得到

$$m_i\ddot{q}_i(t) + k_i q_i(t) = f_i p(t),\qquad i = 1,2,\cdots,N \tag{5.1.16}$$

其中，

$$m_i = \rho A\int_0^l \varphi_i^2(x)\mathrm{d}x,\quad k_i = EA\int_0^l \varphi_i'^2(x)\mathrm{d}x,\quad f_i = \int_0^l \varphi_i(x)\mathrm{d}x$$

以上即为杆轴向振动离散后的多自由度振动方程.

5.1.3　圆轴的扭转振动

圆轴即为承受扭转荷载的圆直杆. 在圆轴扭转时，横截面绕截面形心的轴线转动，在小变形(转动)情况下，横截面仍保持为平面. 横截面上每一点的位移由该截面的扭转角唯一确定. 因此，圆轴扭转时振动的位移可以通过扭转角 $\theta(x,t)$，截面上对应的扭矩用 $M_x(x,t)$ 表示.

图 5.1.3 为圆轴的扭转力学模型，从中取微段 dx，微段的受力如图 5.1.3(b)所示. 左右两截面上的扭矩分别为 M_x 和 $M_x+\frac{\partial M_x}{\partial x}\mathrm{d}x$，因此，微段的扭矩为

$$M=M_x+\frac{\partial M_x}{\partial x}\mathrm{d}x-M_x=\frac{\partial M_x}{\partial x}\mathrm{d}x \tag{5.1.17}$$

惯性力偶矩为

$$M_{\mathrm{I}x}=\rho I_p\frac{\partial^2\theta}{\partial t^2}\mathrm{d}x \tag{5.1.18}$$

这里 ρ 为质量密度，I_p 为圆截面的极惯性矩. 假定微段有绕 x 转动的虚角位移为 $\delta\theta$，则根据虚位移原理有

$$M\delta\theta-M_{\mathrm{I}x}\delta\theta=0 \tag{5.1.19}$$

对于整个圆轴有

$$\frac{\partial M_x}{\partial x}\mathrm{d}x\delta\theta-\rho I_p\frac{\partial^2\theta}{\partial t^2}\mathrm{d}x\delta\theta=0 \tag{5.1.20}$$

由于 $\mathrm{d}x\delta\theta\neq 0$，从而有

$$\frac{\partial M_x}{\partial x}=\rho I_p\frac{\partial^2\theta}{\partial t^2} \tag{5.1.21}$$

根据材料力学，有

$$M_x=GI_p\frac{\partial\theta}{\partial x} \tag{5.1.22}$$

这里，G 为剪切弹性模量. 将式(5.1.22)代入式(5.1.21)得到圆轴扭转的自由振动方程

$$\rho I_p\frac{\partial^2\theta}{\partial t^2}=GI_p\frac{\partial^2\theta}{\partial x^2} \tag{5.1.23}$$

或写成

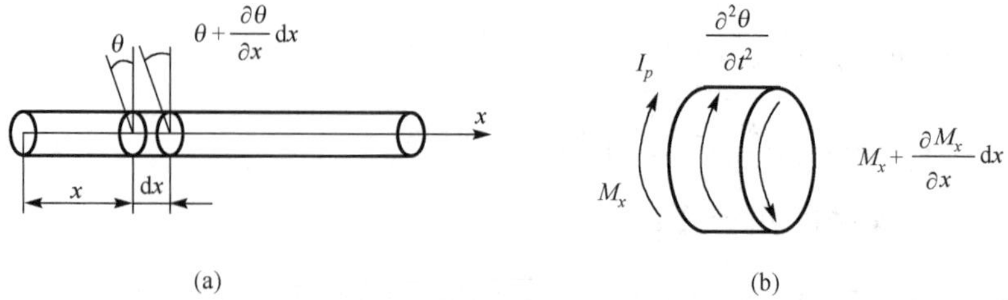

图 5.1.3　圆轴的扭转力学模型

$$\frac{\partial^2\theta}{\partial t^2}=a^2\frac{\partial^2\theta}{\partial x^2},\quad a^2=\frac{G}{\rho} \tag{5.1.24}$$

该方程与直杆轴向自由振动方程具有完全相同的形式，称为波动方程，a 为弹性波沿 x 轴的传播速度.

5.2　哈密顿原理的应用

5.2.1　广义哈密顿原理

由哈密顿原理(2.4.3)，即

$$\delta S=\delta\int_{t_0}^{t_1}L(q_s,\dot{q}_s,t)\mathrm{d}t=0 \tag{5.2.1}$$

根据拉格朗日函数的定义，上式改写为

$$\delta S=\delta\int_{t_0}^{t_1}(T-V)\mathrm{d}t=0 \tag{5.2.2}$$

其中，T 为质点系的动能，V 为质点系的势能，即可以是重力势能又可以是弹性势能. 对于保守系统，有 $-\delta V=\delta W$，上式即改写为

$$\delta S=\int_{t_0}^{t_1}(\delta T+\delta W)\mathrm{d}t=0 \tag{5.2.3}$$

对于真实运动，系统动能的变分与有势力的虚功之和在任意时间间隔内的积分等于零. 实际上，对于非保守系统上式也成立，只是要增加非保守力做的虚功，即

$$\delta W=\delta W_p+\delta\tilde{W} \tag{5.2.4}$$

这里，δW_p 为有势力做虚功，$\delta\tilde{W}$ 为非有势力做虚功. 将上式代入(5.2.3)，并注意到 $\delta W_p=-\delta V$，得

$$\delta S=\int_{t_0}^{t_1}(\delta T-\delta V+\delta\tilde{W})\mathrm{d}t=0 \tag{5.2.5}$$

上式即为非保守系统的哈密顿原理，亦称广义哈密顿原理. 从哈密顿原理的表述可以看出，原理中只涉及两个整体性的动力学量，即系统的动能和功(或势能)，对于系统的几何特性并没有给出任何限制. 也就是说，哈密顿原理不仅适用于有限多个质点的离散系统，而且也适用于无限多“质点”的连续系统. 因此，该原理可用来推导杆、板、拱、壳等各种形式的弹性结构的运动方程，文献[7]给出了一般三维弹性体的哈密顿原理的应用表达式.

5.2.2　曲梁的振动方程

随着桥梁跨径的不断增大，大跨拱桥、斜拉桥、悬索桥等的桥面梁不再是直线构型，而具有一定的预拱度，此时应视为曲梁. 曲梁也常见于人行桥、机械与建筑工程中. 曲梁的预拱度造成运动方程的二次非线性，导致更复杂的非线性振动. 图 5.2.1 给出了横向和轴向荷载作用下的曲梁计算模型，图 5.2.2 给出了微元变形前后的示意图. 其中 $p(x,t)$ 为横向外荷载，$y(x,t)$ 和 $w(x,t)$ 分别表示曲梁的静态构型和动态构型，$w(x,t)$ 也即曲梁的横向运动位移，$u(x,t)$ 为轴向运动位移.

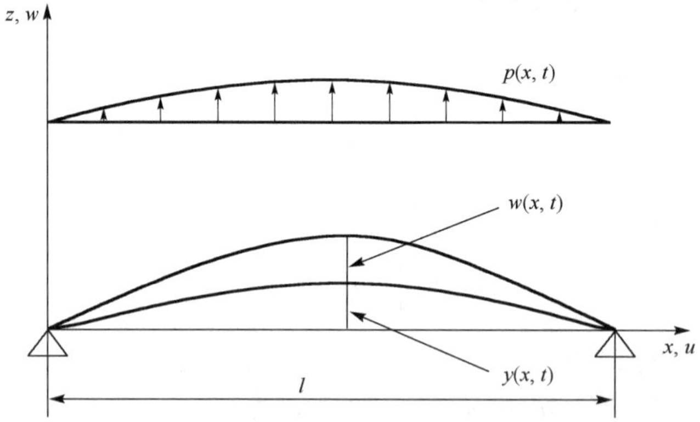

图 5.2.1　横向和轴向荷载作用下的曲梁计算模型

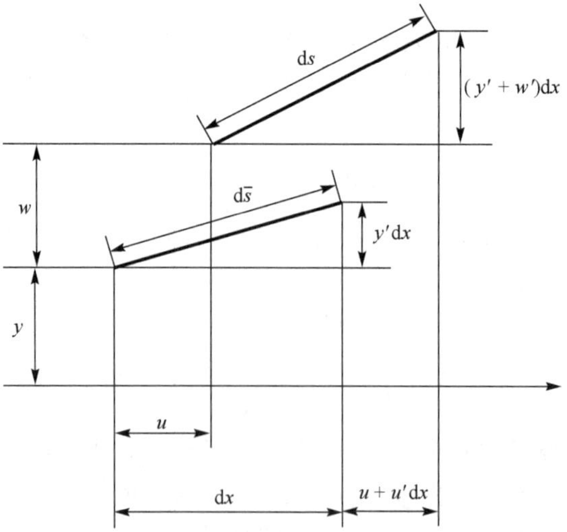

图 5.2.2　变形前后的曲梁微元

变形前微段的长度

$$d\bar{s}=\sqrt{(1+y'^2)}dx \tag{5.2.6}$$

变形后微段的长度

$$ds=\sqrt{(1+u')^2+(y'+w')^2}dx \tag{5.2.7}$$

则轴向应变为

$$\varepsilon_0=\frac{ds-d\bar{s}}{d\bar{s}} \tag{5.2.8}$$

或者，展开到二次项，得

$$\varepsilon_0=u'+\frac{1}{2}w'^2+w'y' \tag{5.2.9}$$

根据经典的曲梁理论，可以得到距离轴线 z 处纵向纤维的附加应变：$\varepsilon_1=-zw''$，则总应变为

$$\varepsilon=\varepsilon_0+\varepsilon_1 \tag{5.2.10}$$

由经典曲梁理论，只在 x 方向有应变，并且满足胡克定律(平截面假定)，则其弹性应变能为

$$U=\frac{1}{2}E\int_V\varepsilon^2dV \tag{5.2.11}$$

这里 V 表示体积，故用 U 表示弹性应变能. 将 ε 代入，并利用分部积分得

$$U=\frac{1}{2}EA\int_0^l(u'+1/2w'^2+w'y')^2dx+\frac{1}{2}EI\int_0^l w''^2dx \tag{5.2.12}$$

外力做功为

$$W=-\int_0^l pwdx \tag{5.2.13}$$

动能为

$$T=\frac{1}{2}m\int_0^l(\dot{u}^2+\dot{w}^2)dx \tag{5.2.14}$$

计入横向运动的阻尼力 cw_t，由哈密顿原理

$$\delta\int_{t_1}^{t_2}(T-U+W)dt+\int_{t_1}^{t_2}\int_0^l c\dot{w}\delta w dxdt=0 \tag{5.2.15}$$

根据上式，应用变分原理，就可以得到下面的轴向和横向运动的两个微分方程：

$$-EA\left(u'+\frac{1}{2}w'^2+w'y'\right)'+m\ddot{u}=0 \tag{5.2.16}$$

$$EIw'''' - EA\left[\left(u' + \frac{1}{2}w'^2 + w'y'\right)(w' + y')\right]' + c\dot{w} + m\ddot{w} = p(x,t) \tag{5.2.17}$$

式(5.2.16)和式(5.2.17)为曲梁在轴向和横向荷载作用下典型的振动方程. 可以根据实际工程的荷载情况进行分析，如仅考虑轴向荷载或横向荷载等进行动力学行为分析[23,24].

5.2.3 直梁的振动方程

如图5.2.3所示一简支梁，截面竖向抗弯刚度为$EI(x)$，单位长度的质量为$m(x)$，假定不计梁竖向剪切变形的影响和阻尼的作用. 在xz对称面内竖向荷载$p(x,t)$的作用下，梁产生自静平衡位置的动挠度$w(x,t)$，以向下为正.

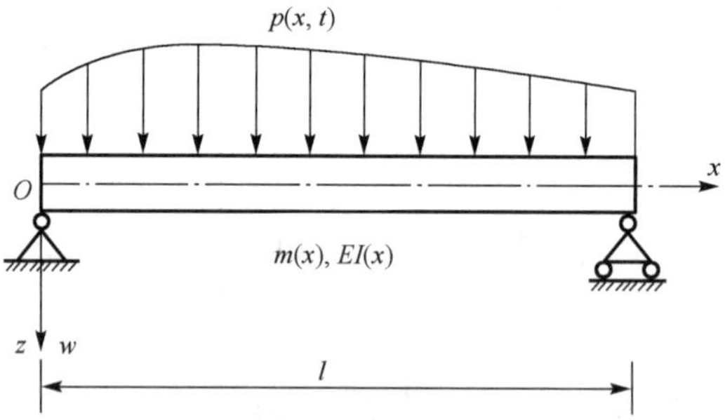

图 5.2.3 简支梁计算模型

梁在振动时的动能为

$$T = \frac{1}{2}\int_0^l m(x)\dot{w}^2(x,t)\mathrm{d}x \tag{5.2.18}$$

梁在振动时的弹性势能为

$$V = \frac{1}{2}\int_0^l EI(x)\left[\frac{\partial^2 w(x,t)}{\partial x^2}\right]^2 \mathrm{d}x \tag{5.2.19}$$

下面根据广义哈密顿原理对动能T，弹性势能V和外力p进行变分.

动能变分，即

$$\begin{aligned}\delta\int_{t_1}^{t_2} T\mathrm{d}t &= \delta\int_{t_1}^{t_2}\frac{1}{2}\int_0^l m(x)\dot{w}^2(x,t)\mathrm{d}x\mathrm{d}t = \int_{t_1}^{t_2}\int_0^l m(x)\dot{w}(x,t)\delta\dot{w}\mathrm{d}x\mathrm{d}t \\ &= -\int_{t_1}^{t_2}\int_0^l m(x)\ddot{w}(x,t)\delta w\mathrm{d}x\mathrm{d}t + \int_0^l\int_{t_1}^{t_2} m(x)\frac{\partial}{\partial t}[\dot{w}(x,t)\delta w]\mathrm{d}t\mathrm{d}x\end{aligned} \tag{5.2.20}$$

由于给定t_1和t_2瞬时的运动是确定的，$\delta w(x, t_1) = \delta w(x, t_2) = 0$. 因此，上式中等号右边第二项中

$$\int_{t_1}^{t_2}\frac{\partial}{\partial t}[\dot{w}(x,t)\delta w]\mathrm{d}t=[\dot{w}(x,t)\delta w]\Big|_{t_1}^{t_2}=0 \tag{5.2.21}$$

弹性势能的变分为

$$\begin{aligned}\int_{t_1}^{t_2}\delta V\mathrm{d}t&=\int_{t_1}^{t_2}\frac{1}{2}\delta\int_0^l EI(x)\left[\frac{\partial^2 w(x,t)}{\partial x^2}\right]^2\mathrm{d}x\mathrm{d}t\\&=\int_{t_1}^{t_2}\int_0^l[EI(x)w''(x,t)]''\,\delta w\mathrm{d}x\mathrm{d}t-\int_{t_1}^{t_2}[EI(x)w''(x,t)]'\,\delta w\Big|_0^l\,\mathrm{d}t\\&\quad+\int_{t_1}^{t_2}EI(x)w''(x,t)\delta w'\Big|_0^l\,\mathrm{d}t\end{aligned} \tag{5.2.22}$$

注意到上式中右端的第二项和第三项，涉及边界条件上的位移 w、转角 w'、弯矩 $EI(x)w''(x,t)$ 和剪力 $[EI(x)w''(x,t)]'$，对于传统的自由、铰支和固支三种边界条件均为零. 因此，式(5.2.22)可以简化为

$$\int_{t_1}^{t_2}\delta V\mathrm{d}t=\int_{t_1}^{t_2}\frac{1}{2}\delta\int_0^l EI(x)\left[\frac{\partial^2 w(x,t)}{\partial x^2}\right]^2\mathrm{d}x\mathrm{d}t=\int_{t_1}^{t_2}\int_0^l\left[EI(x)w''(x,t)\right]''\delta w\mathrm{d}x\mathrm{d}t \tag{5.2.23}$$

作用在梁上的分布动荷载 $p(x,t)$ 在梁的虚位移 δw 上所做虚功的变分为

$$\int_{t_1}^{t_2}\delta W_p\mathrm{d}t=\int_{t_1}^{t_2}\int_0^l p(x,t)\delta w\mathrm{d}x\mathrm{d}t \tag{5.2.24}$$

由此，由于变分 δw 在梁的整个域内是任意的，将式(5.2.20)、式(5.2.23)和式(5.2.24)代入式(3.3.11)或式(5.2.5)，可得到欧拉-伯努利梁(Euler-Bernoulli beam)的振动微分方程

$$m(x)\ddot{w}(x,t)+[EI(x)w''(x,t)]''=p(x,t) \tag{5.2.25}$$

另外，如果不是传统边界条件，作用在梁的两端支承处的弯矩 $M(0,t)$、$M(l,t)$ 和剪力 $Q(0,t)$、$Q(l,t)$ 在对应的梁端虚位移上所做的虚功为

$$\int_{t_1}^{t_2}\delta W_s\mathrm{d}t=\int_{t_1}^{t_2}(M(0,t)\,\delta w_0'-M(l,t)\,\delta w_l'-Q(0,t)\,\delta w_0+Q(l,t)\,\delta w_l)\mathrm{d}t \tag{5.2.26}$$

式中，梁端力的正方向规定同材料力学，虚位移正方向与坐标系一致，虚转角以顺时针方向为正.

对于任意边界条件，应用哈密顿原理时需将式(5.2.22)代入，化简后得

$$\begin{aligned}&-\int_{t_1}^{t_2}\int_0^l\{[EI(x)w''(x,t)]''+m(x)\ddot{w}(x,t)-p(x,t)\}\delta w\mathrm{d}x\mathrm{d}t\\&-\int_{t_1}^{t_2}\{[EI(x)w''(x,t)]'\Big|_0+Q(0,t)\}\delta w_0\mathrm{d}t+\int_{t_1}^{t_2}[EI(x)w''(x,t)\Big|_0+M(0,t)]\delta w_0'\mathrm{d}t\\&+\int_{t_1}^{t_2}\{[EI(x)w''(x,t)]'\Big|_l+Q(l,t)\}\delta w_l\mathrm{d}t-\int_{t_1}^{t_2}\{[EI(x)w''(x,t)]\Big|_l+M(l,t)\}\delta w_l'\mathrm{d}t=0\end{aligned} \tag{5.2.27}$$

对于给定的位移边界条件，变分 δw_0 、 $\delta w_0'$ 、 δw_l 、 $\delta w_l'$ 是等于零的，而对于力的边界条件则是任意的，要使上式成立，必须同时满足以下两式：

$$\int_0^l \{-m(x)\ddot{w}(x,t)-[EI(x)w''(x,t)]''+p(x,t)\}\delta w\mathrm{d}x=0 \tag{5.2.28}$$

$$\begin{cases}\{[EI(x)w''(x,t)]'\big|_0+Q_0\}\delta w_0=0\\ \{EI(x)w''(x,t)\big|_0+M_0]\}\delta w_0'=0\\ \{[EI(x)w''(x,t)]'\big|_l+Q_l\}\delta w_l=0\\ \{[EI(x)w''(x,t)]\big|_l+M_l\}\delta w_l'=0\end{cases} \tag{5.2.29}$$

式(5.2.29)为力的边界条件.

5.2.4　有阻尼器的拉索振动方程

拉索常用减振措施主要有气动措施、辅助索和外加阻尼器，采用较多的是在拉索靠近桥面梁和桥塔处设置阻尼器. 本节将应用哈密顿原理建立带有调谐质量阻尼器(TMD)的斜拉索的面内运动控制方程. 图 5.2.4 给出斜拉索-阻尼器计算模型.

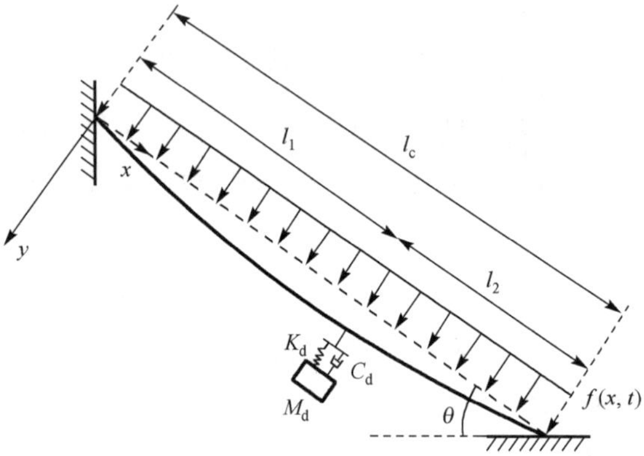

图 5.2.4　斜拉索-阻尼器计算模型

图 5.2.4 中，$v(x,t)$ 为拉索横向运动位移，θ 为拉索倾角，$f(x,t)$ 为外荷载，l_1 和 l_2 分别为阻尼器到斜拉索上端和下端的距离，K_d、C_d 和 M_d 分别为阻尼器的刚度、阻尼系数和附加质量. 系统的动能 T 为

$$T=\frac{1}{2}\int_0^{l_c}\rho_c A_c\left(\frac{\partial v}{\partial t}\right)^2\mathrm{d}x+\frac{1}{2}M_d\left(\frac{\partial v_d}{\partial t}\right)^2 \tag{5.2.30}$$

势能为

$$V=\int_0^{l_c}\left[H_c e_c(x,t)+\frac{1}{2}E_c A_c e_c^2(x,t)\right]\mathrm{d}x+\frac{1}{2}K_d[v(l_1,t)-v_d]^2 \tag{5.2.31}$$

拉索的动应变由拉格朗日应变表示

$$e_c(x,t)=\frac{\mathrm{d}y_c}{\mathrm{d}x}\frac{\partial v}{\partial x}+\frac{1}{2}\left(\frac{\partial v}{\partial x}\right)^2 \tag{5.2.32}$$

式中，y_c 为拉索的初始构型，由下面的抛物线给出，d 为拉索跨中垂度.

$$y_c(x)=4d\left[\frac{x}{l}-\left(\frac{x}{l}\right)^2\right] \tag{5.2.33}$$

外力虚功

$$\delta W=\int_0^{l_c}\left[\rho_c A_c g+f(x,t)-\mu\frac{\partial v}{\partial t}\right]\delta v\mathrm{d}x+C_d\left[\frac{\partial v}{\partial t}(l_1,t)-\frac{\partial v_d}{\partial t}\right]\delta v_d \tag{5.2.34}$$

式中，g 为重力加速度，μ 为单位长度阻尼系数.

将式(5.2.30)、式(5.2.31)和式(5.2.34)代入广义哈密顿原理(5.2.5)，即

$$\delta\int_{t_1}^{t_2}(T-V)\mathrm{d}t+\int_{t_1}^{t_2}\delta W\mathrm{d}t=0 \tag{5.2.35}$$

可得到拉索和 TMD 的面内振动方程如下：

$$\rho_c A_c\frac{\partial^2 v}{\partial t^2}+\mu\frac{\partial v}{\partial t}-\left[H\frac{\partial^2 v}{\partial x^2}+E_c A_c\left(\frac{\partial^2 v}{\partial x^2}+\frac{\partial^2 y_c}{\partial x^2}\right)e_c(x,t)\right]=f(x,t) \tag{5.2.36}$$

$$K_d\left[v_c(l_1,t)-v_d\right]+C_d\left[\frac{\partial v_c(l_1,t)}{\partial t}-\frac{\partial v_d}{\partial t}\right]-M_d\frac{\partial^2 v_d}{\partial t^2}=0 \tag{5.2.37}$$

其中

$$f(x,t)=-\{K_d[v(l_1,t)-v_d]+C_d[\dot{v}(l_1,t)-\dot{v}_d]\}\delta(x-l_1)+F_1(x)\cos\Omega t$$

δ( )表示克罗内克函数，式(5.2.36)和式(5.2.37)即为考虑 TMD 影响的拉索面内振动微分方程和 TMD 振动方程，可以用于拉索的振动特性研究[25].

5.3　达朗贝尔原理的应用

5.3.1　质点系的达朗贝尔原理

由式(2.2.1)

$$\boldsymbol{F}_i+\boldsymbol{N}_i+\boldsymbol{\Phi}_i=0 \tag{5.3.1}$$

对于质点系，约束力成对出现，上式简化为

$$\boldsymbol{F}_i+\boldsymbol{\Phi}_i=0 \tag{5.3.2}$$

由静平衡的充要条件，对于质点系有

$$\sum \boldsymbol{F}_i + \sum \boldsymbol{\Phi}_i = 0 \tag{5.3.3}$$

$$\sum M_o(\boldsymbol{F}_i) + \sum M_o(\boldsymbol{\Phi}_i) = 0 \tag{5.3.4}$$

上式即为质点系的达朗贝尔原理，针对不同情形，上式可以联合应用，也可以单独使用. 对于连续体，对微段，将微段视为刚体或质点，即可应用该原理推导相应动力学微分方程.

5.3.2 无垂度拉索振动方程

当拉索的跨度较小时，其垂度很小，可忽略不计，此时无垂度拉索可视为一张紧弦，其运动方程的推导基于下面的基本假设：①忽略拉索振动引起的轴向变形；②符合理想柔性构件假设，不考虑其抗弯刚度；③忽略拉索的扭转. 图 5.3.1 给出了一张紧弦的面内构型，图中 $v(x,t)$ 为张紧弦的竖向位移，T 为作用在两端的水平拉力.

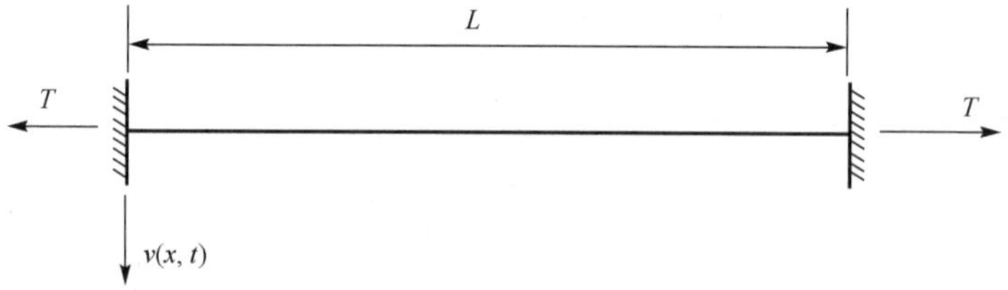

图 5.3.1 一张紧弦的面内构型

基于上述假设，取张紧弦微元进行受力分析，如图 5.3.2 所示. 其中，$Q(x,t)$ 为截面的剪力，T_c 为张紧弦水平拉力，dx 为微元长度，m 为单位长度质量，c 为张紧弦单位长度阻尼系数，$f(x,t)$ 为外荷载.

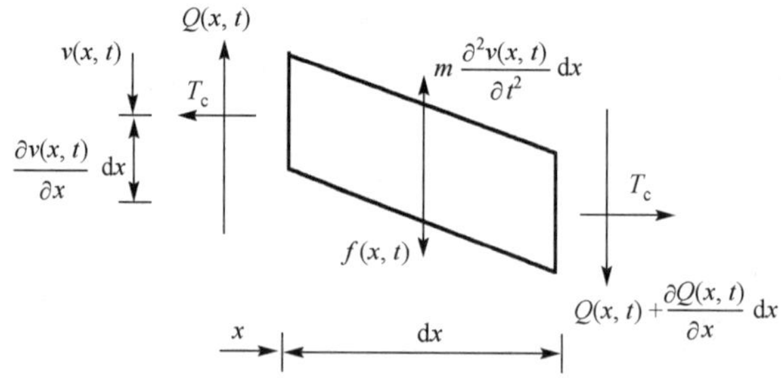

图 5.3.2 张紧弦微元受力

基于达朗贝尔原理，微元体的主动力为外荷载，即

$$F = f(x,t)\mathrm{d}x \tag{5.3.5}$$

惯性力为

$$\varPhi = m\frac{\partial^2 v(x,t)}{\partial t^2}\mathrm{d}x \tag{5.3.6}$$

剪力和阻尼力则归为约束力

$$N = \sum_{i=1}^{n} N_i = Q(x,t) - \left[Q(x,t) + \frac{\partial Q(x,t)}{\partial x}\mathrm{d}x\right] + c\frac{\partial v(x,t)}{\partial t}\mathrm{d}x \tag{5.3.7}$$

根据式(2.2.2),考虑张紧弦微元在竖直方向的受力平衡，得到

$$Q(x,t) - \left[Q(x,t) + \frac{\partial Q(x,t)}{\partial x}\mathrm{d}x\right] + m\frac{\partial^2 v(x,t)}{\partial t^2}\mathrm{d}x + c\frac{\partial v(x,t)}{\partial t}\mathrm{d}x - f(x,t)\mathrm{d}x = 0 \tag{5.3.8}$$

同时,考虑力矩平衡，忽略二阶微量，有

$$T_{\mathrm{c}}\frac{\partial v(x,t)}{\partial x}\mathrm{d}x - Q(x,t)\mathrm{d}x = 0 \tag{5.3.9}$$

联立式(5.3.8)和式(5.3.9)，得到张紧弦面内运动的运动微分方程如下：

$$m\frac{\partial^2 v(x,t)}{\partial t^2} + c\frac{\partial v(x,t)}{\partial t} - T_{\mathrm{c}}\frac{\partial^2 v(x,t)}{\partial x^2} = f(x,t) \tag{5.3.10}$$

该方程即为无垂度拉索的振动方程，读者可对其基本特性开展进一步的研究.

5.3.3　有垂度拉索振动方程

随着我国基础设施建设的大力发展，斜拉桥的跨径不断增大，导致斜拉索的长度不断增大，如苏通长江公路大桥的拉索长度达到 577m. 在长索的振动问题中，由其垂度效应产生的几何非线性不可忽略. 图 5.3.3 给出了考虑垂度的拉索面内运动模型. 其中，L 为拉索长度，$v(x,t)$ 为拉索横向运动位移，θ 为拉索倾角，d 为跨中垂度，$f(x,t)$ 为外荷载. 类似地，考虑微元受力，图 5.3.4 给出了考虑垂度的拉索微元受力图.

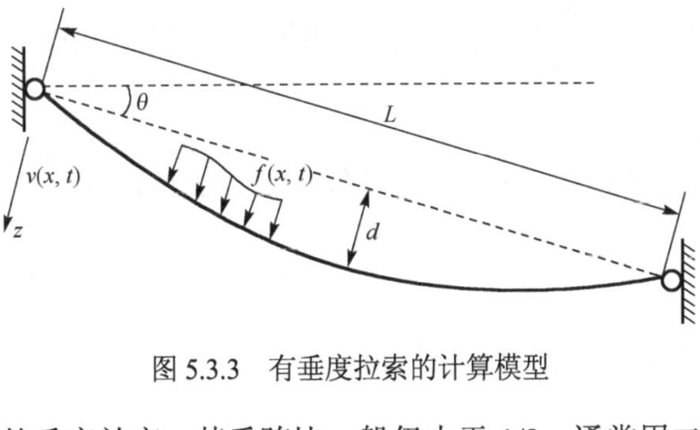

图 5.3.3　有垂度拉索的计算模型

虽考虑拉索的垂度效应，其垂跨比一般仍小于 1/8，通常用二次抛物线描述拉索的初始平面构型，如式(5.3.11)所示.

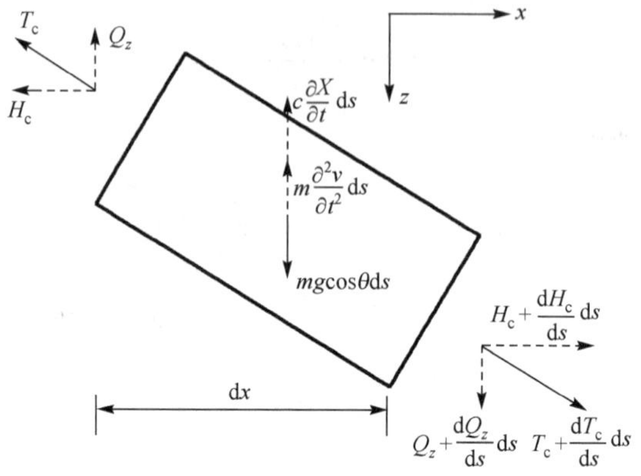

图 5.3.4　有垂度拉索微元受力图

$$\begin{cases} y_c = 4d\dfrac{x}{L}\left(1-\dfrac{x}{L}\right) \\ d = \dfrac{mg\cos\theta L^2}{8H_0} \end{cases} \tag{5.3.11}$$

初始索力和动索力水平分量的关系为

$$\begin{cases} \dfrac{H_0}{T_c} = \dfrac{h_c}{\tau} = \dfrac{\mathrm{d}x}{\mathrm{d}s} \\ H_c = H_0 + h_c \end{cases} \tag{5.3.12}$$

式中，τ 为增加的动索力，H_c 为索力沿 x 轴分量，H_0 为初始索力的水平分量，h_c 为增加的动索力沿 x 轴分量，由于拉索垂跨比较小，可取 $T_c=H_0$. 考虑微元的动平衡，相对于 5.3.2 节知主动力为

$$F = f(x,t)\mathrm{d}s + mg\cos\theta\mathrm{d}s \tag{5.3.13}$$

约束力为

$$N = \sum_{i=1}^{n} N_i = Q_z - \left(Q_z + \frac{\mathrm{d}Q_z}{\mathrm{d}s}\mathrm{d}s\right) + c\frac{\partial v(x,t)}{\partial t}\mathrm{d}s \tag{5.3.14}$$

这里，c 为阻尼系数.

惯性力与 5.3.2 节相同，根据达朗贝尔原理式(2.2.2)，得

$$Q_z - \left(Q_z + \frac{\mathrm{d}Q_z}{\mathrm{d}s}\mathrm{d}s\right) + m\frac{\partial^2 v(x,t)}{\partial t^2}\mathrm{d}s + c\frac{\partial v(x,t)}{\partial t}\mathrm{d}s - f(x,t)\mathrm{d}s - mg\cos\theta\mathrm{d}s = 0 \tag{5.3.15}$$

同时，考虑力矩平衡，忽略二阶微量，有

$$(T_c + \tau)\left(\frac{\mathrm{d}y_c}{\mathrm{d}s} + \frac{\partial v}{\partial s}\right)\mathrm{d}x - Q_z(x,t)\mathrm{d}x = 0 \tag{5.3.16}$$

从而得到

$$\frac{\partial}{\partial s}\left[(T_c+\tau)\left(\frac{\mathrm{d}y_c}{\mathrm{d}s}+\frac{\partial v}{\partial s}\right)\right]=m\frac{\partial^2 v(x,t)}{\partial t^2}+c\frac{\partial v(x,t)}{\partial t}-f_z(x,t)-mg\cos\theta \quad (5.3.17)$$

在静力状态下，可以推导得到拉索的静平衡方程，如

$$\frac{\mathrm{d}T_c}{\mathrm{d}s}\frac{\mathrm{d}y_c}{\mathrm{d}s}+mg\cos\theta=0 \quad (5.3.18)$$

联立式(5.3.17)和式(5.3.18)，忽略二阶微分量，简化得到拉索面内运动的微分方程

$$m\frac{\partial^2 v(x,t)}{\partial t^2}+c\frac{\partial v(x,t)}{\partial t}-H_0\frac{\partial^2 v}{\partial x^2}-h_c\frac{\mathrm{d}^2 y_c}{\mathrm{d}x^2}=f_z(x,t) \quad (5.3.19)$$

这里

$$h_c=\frac{EA}{L}\frac{mg}{T_c}\int_0^l v\mathrm{d}x$$

式(5.3.19)即为考虑垂度影响的拉索面内振动方程，基于此方程可对拉索的振动特性开展系统研究.

5.3.4　圆弧拱的竖平面挠曲振动方程

图 5.3.5 给出了单跨圆弧拱面内构型及其曲线坐标系，图 5.3.6 给出了拱的微元受力状态，其中 R 为曲率半径，P_r 为径向荷载，P_s 为切向荷载，N 为轴力，Q 为剪力，M 为弯矩，图 5.3.6 中所示内力均为正方向.

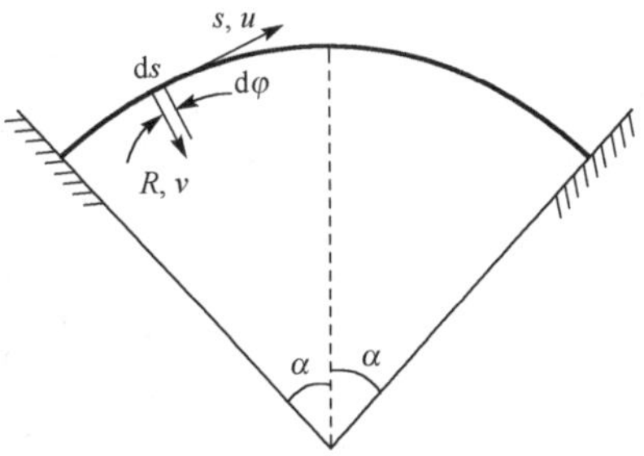

图 5.3.5　单跨圆弧拱计算模型

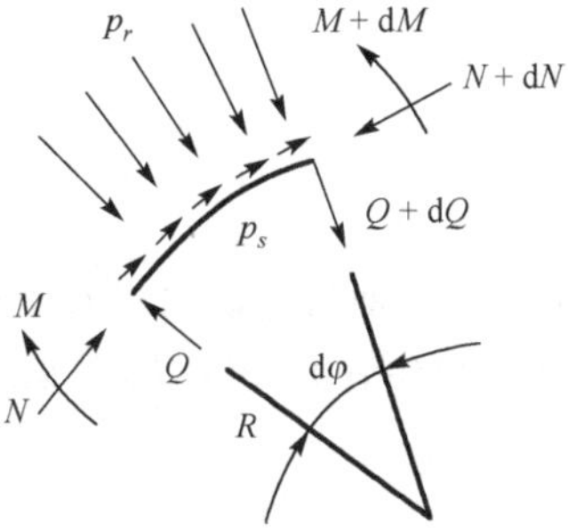

图 5.3.6　拱的微元受力

拱在拱轴线平面内发生面内挠曲后，微元 $\mathrm{d}s=R\mathrm{d}\varphi$ 处于平衡状态. 由切向力和径向力的平衡条件，得

$$Q\sin\frac{\mathrm{d}\varphi}{2}+(Q+\mathrm{d}Q_y)\sin\frac{\mathrm{d}\varphi}{2}-N\cos\frac{\mathrm{d}\varphi}{2}+(N+\mathrm{d}N)\cos\frac{\mathrm{d}\varphi}{2}-p_s\mathrm{d}s=0 \quad (5.3.20)$$

$$-Q\cos\frac{\mathrm{d}\varphi}{2}+(Q+\mathrm{d}Q)\cos\frac{\mathrm{d}\varphi}{2}-N\sin\frac{\mathrm{d}\varphi}{2}-(N+\mathrm{d}N)\sin\frac{\mathrm{d}\varphi}{2}+p_r\mathrm{d}s=0 \quad (5.3.21)$$

对微元体右截面中心列力矩平衡方程

$$M+\mathrm{d}M-M-Q\mathrm{d}s\cos\frac{\mathrm{d}\varphi}{2}+\frac{1}{2}p_r(\mathrm{d}s)^2=0 \tag{5.3.22}$$

略去高阶小量，式(5.3.20)～式(5.3.22)可简化为

$$\frac{\mathrm{d}Q}{\mathrm{d}s}-\frac{N}{R}+p_r=0 \tag{5.3.23}$$

$$\frac{\mathrm{d}N}{\mathrm{d}s}+\frac{Q}{R}-p_s=0 \tag{5.3.24}$$

$$\frac{\mathrm{d}M}{\mathrm{d}s}=Q \tag{5.3.25}$$

将式(5.3.25)分别代入式(5.3.23)和式(5.3.24)，得

$$\frac{\mathrm{d}^2M}{\mathrm{d}s^2}-\frac{N}{R}+p_r=0 \tag{5.3.26}$$

$$\frac{\mathrm{d}N}{\mathrm{d}s}+\frac{1}{R}\frac{\mathrm{d}M}{\mathrm{d}s}-p_s=0 \tag{5.3.27}$$

以上两式即为用内力表示的静平衡方程. 根据微元的变形几何关系和物理关系，可得到如下内力和变形的关系：

$$M=-EI_z\left[\frac{\mathrm{d}^2v}{\mathrm{d}s^2}+\frac{\mathrm{d}}{\mathrm{d}s}\left(\frac{u}{R}\right)\right] \tag{5.3.28}$$

$$N=-EA\left(\frac{\mathrm{d}u}{\mathrm{d}s}-\frac{v}{R}\right) \tag{5.3.29}$$

这里u和v分别为沿切向和沿径向的位移.

如果将荷载p_s和p_r用惯性力表示

$$\begin{cases}p_r=-m\ddot{v}(s,t)\\ p_s=-m\ddot{u}(s,t)\end{cases} \tag{5.3.30}$$

根据达朗贝尔原理即可得到圆拱面内自由振动微分方程

$$m\ddot{v}+\left\{EI_z\left[v''+\left(\frac{w}{R}\right)'\right]\right\}''-\frac{EA}{R}\left(w'-\frac{v}{R}\right)=0 \tag{5.3.31}$$

$$m\ddot{u}+\left[EA\left(w'-\frac{v}{R}\right)\right]'+\frac{1}{R}\left\{EI_z\left[v''+\left(\frac{w}{R}\right)'\right]\right\}'=0 \tag{5.3.32}$$

注意该自由振动微分方程未计入转动惯量的影响. 通过假定荷载 p_r 包括惯性荷载和外荷载，同时忽略振动时拱轴线的伸缩变形，可以将以上二维的自由振动方程整理为一维的强迫振动方程.

5.3.5　抛物线拱的竖平面挠曲振动方程

实际桥梁设计中，大跨径钢拱桥和钢管混凝土拱桥的轴线大多为抛物线，由于这类拱桥的拱肋挠曲变形较大，因此由轴力引起的二次径向分布压力不可忽略.

图 5.3.7 给出抛物线拱的计算示意图及其直角坐标系，其中 f 为拱的计算矢高，l 为拱的计算跨径，$p(x)$ 为跨径方向的竖向均布荷载.

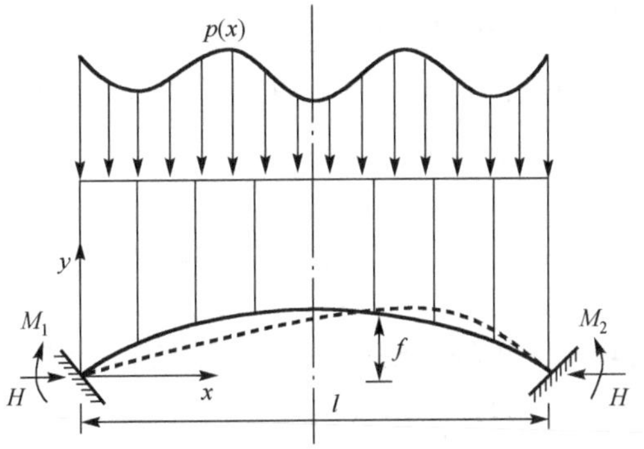

图 5.3.7　抛物线拱的计算模型

下面推导抛物线拱的竖平面挠曲静力平衡方程，然后增加惯性力即可得到抛物线拱的振动方程. 抛物线拱的拱轴线方程由下面的方程给出：

$$y=\frac{4f}{l^2}x(l-x) \tag{5.3.33}$$

已知拱的径向和竖向挠曲曲率半径之间具有下面的投影关系：

$$\rho_\eta \approx \rho_r \cos\varphi \tag{5.3.34}$$

式中，ρ_η、ρ_r 分别为拱竖平面内竖向和径向挠曲曲率半径. 径向和竖向挠曲曲率分别为

$$\begin{cases} \dfrac{1}{\rho_\eta}=\dfrac{\mathrm{d}^2 w}{\mathrm{d}x^2} \\ \dfrac{1}{\rho_r}=\dfrac{\mathrm{d}^2 v}{\mathrm{d}s^2}+\dfrac{\mathrm{d}}{\mathrm{d}s}\left(\dfrac{u}{R}\right) \end{cases} \tag{5.3.35}$$

$v(s)$、$u(s)$分别为垂直于拱轴线的径向位移和沿拱轴线的切向位移，$w(x)$为竖向挠度.

根据材料力学可知，拱截面弯矩和曲率的关系为

$$M(x) = -EI_z \frac{1}{\rho_r} = -EI_z \frac{\cos\varphi}{\rho_\eta} = -EI_z w''(x)\cos\varphi \tag{5.3.36}$$

式中，$M(x)$为水平轴 x 对应拱圈截面的弯矩，EI_z 为其抗弯刚度，φ 为拱轴向与 x 轴的夹角. 由此，可得到直角坐标系下抛物线拱的挠曲静力平衡方程为

$$-EI_z \cos\varphi\eta''(x) = M(x) = M_0(x) + M_1 \frac{l-x}{l} + M_2 \frac{x}{l} - H[y(x) - w(x)] \tag{5.3.37}$$

上式即为任意截面的弯矩表达式. 式中，$M_0(x)$ 为同跨径简支梁相应截面处竖向荷载 $p(x)$作用下的弯矩；M_1、M_2 分别为左、右拱脚处的固端弯矩；H 为静力状态下拱的水平推力.

将式(5.3.37)关于 x 求导两次，得到

$$[EI_z \cos\varphi w''(x)]'' - H(y'' - w'') = p(x) \tag{5.3.38}$$

其中，根据材料力学知识，$p(x)$ 为

$$p(x) = -\left[M_0(x) + M_1 \frac{l-x}{l} + M_2 \frac{x}{l}\right]'' \tag{5.3.39}$$

上式中的水平推力可依据两拱脚的相对水平位移的条件推导，对于两端拱脚位置固定的两铰拱和无铰拱，这里直接给出公式

$$H\int_0^l \frac{\mathrm{d}x}{EA\cos\varphi} = \int_0^l y'\eta'\mathrm{d}x - \int_0^l \frac{1}{EA}\left(\frac{H}{\cos\varphi} + \frac{V\sin\varphi}{\cos^2\varphi}\right)\mathrm{d}x \tag{5.3.40}$$

式(5.3.38)和式(5.3.40)即给出抛物线拱按二阶理论建立的竖平面挠曲方程的一般形式.

对于竖平面内的挠曲振动，假设拱截面满足

$$\begin{aligned} EA\cos\varphi &= EA_{\mathrm{c}} \\ EI_z\cos\varphi &= EI_{\mathrm{c}} \end{aligned} \tag{5.3.41}$$

其中，A_{c}和 I_{c} 分别为拱顶截面的面积和惯性矩. 假设拱在竖向外激励 $p(x,t)$作用下，在静平衡位置，$p_0(x)$、H_0 和 $\eta_0(x)$表示的位置做小幅振动，引入惯性力

$$p_{\mathrm{I}} = -m\ddot{w}(s,t) \tag{5.3.42}$$

振动时，水平推力、挠度和荷载将分别产生增量，即

$$\begin{aligned} H &= H_0 + H_p(t) \\ w &= w_0(x) + w(x,t) \\ p &= p_0(x) + p(x,t) - m(x)\ddot{\eta}(x,t) \end{aligned} \tag{5.3.43}$$

根据达朗贝尔原理分别写出静力平衡状态和振动状态下的平衡方程

$$EI_{\mathrm{c}} w_0^{(4)} - H_0(y'' - w_0'') = p_0 \tag{5.3.44}$$

$$EI_c(w_0+w)^{(4)}-(H_0+H_p)(y''-w_0''-w'')=p_0+p(x,t)-m\ddot{w} \tag{5.3.45}$$

式(5.3.44)和式(5.3.45)相减，并略去高阶微小量，得拱沿 η_0 做竖平面固有振动的动力平衡方程为

$$EI_c w^{(4)}-H_0w''-H_py''+m\ddot{w}=p(x,t) \tag{5.3.46}$$

式中，m 为单位跨径长度上的质量. H_0 和 H_p 分别具有如下的形式：

$$\begin{cases} H_0=\dfrac{EA_c}{\rho L_e}\displaystyle\int_0^l \eta_0 \mathrm{d}x \\ H_p=\dfrac{EA_c}{\rho L_e}\displaystyle\int_0^l \eta \mathrm{d}x \end{cases} \tag{5.3.47}$$

式中，L_e 为等效拱轴线长度

$$L_e=\int_0^l[1+(y')^2]\mathrm{d}x=l\left[1+\frac{16}{3}\left(\frac{f}{l}\right)^2\right] \tag{5.3.48}$$

式(5.3.46)和式(5.3.47)即为抛物线拱竖平面内的挠曲振动方程.

5.4　拉格朗日方程的应用

5.4.1　第一类拉格朗日方程

在 2.4.2 节中，我们通过拉格朗日原理推导出了拉格朗日方程(2.4.31)，即

$$\frac{\partial L}{\partial q_j}-\frac{\mathrm{d}}{\mathrm{d}t}\frac{\partial L}{\partial \dot{q}_j}=0,\quad j=1,2,\cdots,n \tag{5.4.1}$$

该方程即为完整系统下仅有有势力作用时的拉格朗日方程，适合于保守系统动力学方程的推导. 当系统为非保守系统时，同时存在有势力和非有势力，上述拉格朗日方程的一般形式(3.1.10)，即

$$\frac{\partial L}{\partial q_j}-\frac{\mathrm{d}}{\mathrm{d}t}\frac{\partial L}{\partial \dot{q}_j}=Q_j,\quad j=1,2,\cdots,n \tag{5.4.2}$$

这里 Q_j 为非有势力对应的广义力. 对于弹性结构体系，可以是广义外力和广义阻尼力. 需要注意的是广义坐标 q_j 必须是独立的.

在动力学问题的求解中，有时也希望使用一系列不独立的坐标 $g_1,g_2,\cdots,g_N$，这里 $N>n$. 假定 $\tilde{n}=N-n$，系统有 $\tilde{n}$ 个约束方程

$$f_i(g_1,g_2,\cdots,g_N,t)=0,\quad i=1,2,\cdots,\tilde{n} \tag{5.4.3}$$

对上式变分有

$$\delta f_i = \sum_{k=1}^{N} \frac{\partial f_i}{\partial g_k} \delta g_k = 0 \tag{5.4.4}$$

由于 g_k 不独立，因此上式所示的 $\tilde{n}$ 个方程相互关联.

根据哈密顿原理，有

$$\int_{t_0}^{t_1} \left\{ \sum_{j=1}^{N} \left[-\frac{\mathrm{d}}{\mathrm{d}t}\left(\frac{\partial L}{\partial \dot{g}_j}\right) + \frac{\partial L}{\partial g_j} + Q_j \right] \delta g_j \right\} \mathrm{d}t = 0 \tag{5.4.5}$$

这里由于 g_j 不独立，因此无法从上式中得到 N 个如式(5.4.2)的方程，即中括号中的表达式不一定为零. 需要引入拉格朗日乘子 $\lambda_i(t), i = 1, 2, \cdots, \tilde{n}$ ，这里 $\tilde{n}$ 为不独立坐标的约束方程数. 用 λ_i 乘以式(5.4.4)，然后 $\tilde{n}$ 个方程相加，得到

$$\sum_{i=1}^{\tilde{n}} \lambda_i \sum_{k=1}^{N} \frac{\partial f_i}{\partial g_k} \delta g_k = 0 \tag{5.4.6}$$

上式可以改写为

$$\sum_{j=1}^{N} \sum_{i=1}^{\tilde{n}} \lambda_i \frac{\partial f_i}{\partial g_j} \delta g_j = 0 \tag{5.4.7}$$

将上式放入式(5.4.5)，可得

$$\int_{t_0}^{t_1} \left\{ \sum_{j=1}^{N} \left[-\frac{\mathrm{d}}{\mathrm{d}t}\left(\frac{\partial L}{\partial \dot{g}_j}\right) + \frac{\partial L}{\partial g_j} + Q_j + \sum_{i=1}^{\tilde{n}} \lambda_i \frac{\partial f_i}{\partial g_j} \right] \delta g_j \right\} \mathrm{d}t = 0 \tag{5.4.8}$$

虽然上式中 g_j 仍不一定独立，但可以选择拉格朗日乘子 λ_i 使中括号中的表达式为零. 这样便可得到

$$-\frac{\mathrm{d}}{\mathrm{d}t}\left(\frac{\partial L}{\partial \dot{g}_j}\right) + \frac{\partial L}{\partial g_j} + Q_j + \sum_{i=1}^{\tilde{n}} \lambda_i \frac{\partial f_i}{\partial g_j} = 0, \quad j = 1, 2, \cdots, N \tag{5.4.9}$$

此式即为第一类拉格朗日方程. 总之，式(5.4.3)和式(5.4.9)提供了 $N + \tilde{n}$ 个方程，该方程组中含有 $N + \tilde{n}$ 个未知量 g_j 和 λ_i ，可以进行问题的求解.

拉格朗日方程作为有限自由度系统的动力学方程，将其应用于连续系统，需要对连续系统进行有限自由度的离散，然后应用拉格朗日方程进行求解. 连续系统的离散一般有两种基本的离散模型，一种是将连续模型离散为多集中质量模型，一种是分布坐标模型[26]，如按模态坐标与广义坐标的乘积将连续系统离散.

5.4.2　两端固定直杆的轴向振动

图 5.4.1 为两端固定直杆，几何与材料特性均与 5.1.2 节相同，本节不同之处在于建模方法和考虑边界条件为两端固定.

本节仅利用拉格朗日方程建立直杆轴向振动时的自由振动方程. 由式(5.1.14)得到杆轴向振动时的势能，其动能可表示为

$$T=\frac{1}{2}\int_0^l \rho A\dot{u}^2\mathrm{d}x \tag{5.4.10}$$

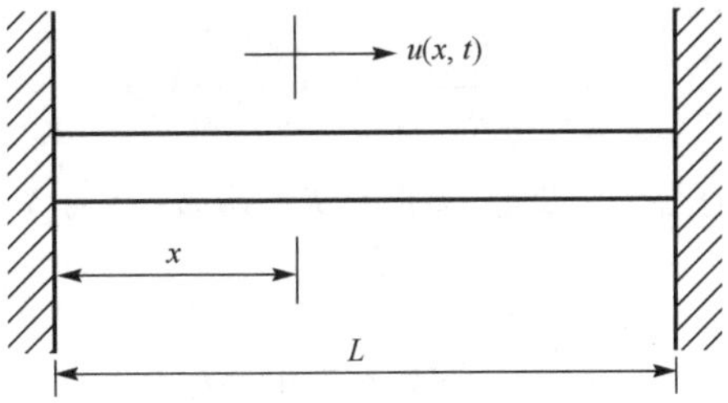

图 5.4.1　两端固定直杆

将式(5.1.13)代入动能和势能的表达式有

$$T=\frac{1}{2}\int_0^l \rho A\left[\sum_{i=1}^{N}\varphi_i(x)\dot{q}_i(t)\right]^2\mathrm{d}x \tag{5.4.11}$$

$$V=\frac{1}{2}\int_0^l EA\left[\sum_{i=1}^{N}\varphi_i'(x)q_i(t)\right]^2\mathrm{d}x \tag{5.4.12}$$

外力做功可表示为

$$W_p=\int_0^l p(x,t)u\mathrm{d}x \tag{5.4.13}$$

考虑外力为均布荷载，将式(5.1.13)代入上式，则

$$W_p=\int_0^l p(t)\sum_{i=1}^{N}\varphi_i(x)q_i(t)\,\mathrm{d}x \tag{5.4.14}$$

根据拉格朗日方程，分别对动能和势能求广义坐标的偏导数

$$\frac{\partial V}{\partial q_n}=\int_0^l EA\left[\sum_{i=1}^{N}\varphi_i'(x)q_i(t)\right]\varphi_n'(x)\mathrm{d}x=EA\sum_{i=1}^{N}q_i(t)\int_0^l\varphi_i'(x)\varphi_n'(x)\,\mathrm{d}x \tag{5.4.15}$$

$$\frac{\partial T}{\partial q_n}=0 \tag{5.4.16}$$

这里，$1\leqslant n\leqslant N$，q_n 为任一广义坐标.

再对动能求广义速度的偏导数，有

$$\frac{\partial T}{\partial \dot{q}_n}=\int_0^l \rho A\left[\sum_{i=1}^{N}\varphi_i(x)\dot{q}_i(t)\right]\varphi_n(x)\mathrm{d}x=\rho A\sum_{i=1}^{N}\dot{q}_i(t)\int_0^l\varphi_i(x)\varphi_n(x)\,\mathrm{d}x \tag{5.4.17}$$

对上式求时间 t 的一阶导数，得

$$\frac{\mathrm{d}}{\mathrm{d}t}\frac{\partial T}{\partial \dot{q}_n}=\int_0^l \rho A\left[\sum_{i=1}^{N}\varphi_i(x)\ddot{q}_i(t)\right]\varphi_n(x)\mathrm{d}x=\rho A\sum_{i=1}^{N}\ddot{q}_i(t)\int_0^l \varphi_i(x)\varphi_n(x)\,\mathrm{d}x \quad (5.4.18)$$

再根据广义力的定义式(2.1.6)，得到广义力

$$Q_n=\frac{\partial W_p}{\partial q_n}=p(t)\int_0^l \varphi_n(x)\,\mathrm{d}x \quad (5.4.19)$$

讨论：(1) 当 q_i 相互独立，即选择的形状函数 $\varphi_i(x)$ 为模态函数时，满足正交关系，即

$$\frac{\partial V}{\partial q_n}=EA\int_0^l \varphi_n'^2(x)\,\mathrm{d}x q_n(t) \quad (5.4.20)$$

$$\frac{\mathrm{d}}{\mathrm{d}t}\frac{\partial T}{\partial \dot{q}_n}=\int_0^l \rho A\left[\sum_{i=1}^{N}\varphi_i(x)\ddot{q}_i(t)\right]\varphi_n(x)\mathrm{d}x=\rho A\int_0^l \varphi_n^2(x)\,\mathrm{d}x\ddot{q}_n(t) \quad (5.4.21)$$

从而得到直杆轴向振动方程

$$m_n\ddot{q}_n(t)+k_n q_n(t)=f_n p(t),\quad n=1,2,\cdots,N \quad (5.4.22)$$

其中，

$$m_n=\rho A\int_0^l \varphi_n^2(x)\mathrm{d}x,\quad k_n=EA\int_0^l \varphi_n'^2(x)\mathrm{d}x,\quad f_n=\int_0^l \varphi_n(x)\mathrm{d}x$$

(2) 当 q_i 不独立时，则需要应用第一类拉格朗日方程，建立直杆的轴向振动方程.

由于 q_i 不独立，则选择的形函数不全为模态函数，则式(5.4.15)和式(5.4.18)不能根据模态正交性进行简化.

考虑约束，这里为杆的边界条件，为

$$u(0,t)=u(l,t)=0 \quad (5.4.23)$$

将式(5.1.13)代入上式，得到

$$\sum_{i=1}^{N}\varphi_i(0)q_i(t)=0 \quad (5.4.24)$$

和

$$\sum_{i=1}^{N}\varphi_i(l)q_i(t)=0 \quad (5.4.25)$$

两个约束方程. 根据式(5.4.9)，得

$$\sum_{i=1}^{N}\ddot{q}_i(t)\rho A\int_0^l \varphi_i(x)\varphi_n(x)\,\mathrm{d}x+\sum_{i=1}^{N}q_i(t)EA\int_0^l \varphi_i'(x)\varphi_n'(x)\,\mathrm{d}x$$

$$+\lambda_1\varphi_n(0)+\lambda_2\varphi_n(l)=p(t)\int_0^l \varphi_n(x)\,\mathrm{d}x,\quad n=1,2,\cdots,N \tag{5.4.26}$$

因此，式(5.24.24)～式(5.4.26)即为求解直杆轴向振动解 $q_i(t)$ 及 λ_1 和 λ_2 的方程.

5.4.3　墩柱地震动方程

工程中的高层建筑、简支梁桥和连续梁桥的柱式桥墩等均可以简化为柱式悬臂梁，即有轴力作用的悬臂梁，亦称悬臂墩柱. 该类结构也常见于机械加工的工件和机械结构. 本节将主要阐述应用拉格朗日方程对上述结构在地震作用下不计轴力时的横向振动方程的建立过程.

图 5.4.2 为墩柱的简化模型. XOy 为静坐标系，即惯性参考系，xoy 则为动坐标系. EI 和 h 分别为墩柱的抗弯刚度和高度，m 为单位长度的质量，$u(t)$ 为地震引起的水平位移，即动坐标的水平位移. 墩柱下端固定于原点 o，相对于 x 的横向位移为 $w(x,t)$.

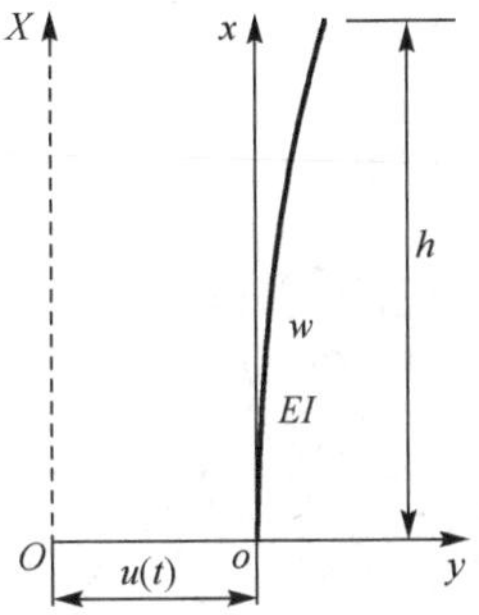

图 5.4.2　墩柱地震示意图

地震动时墩柱的弹性势能可以表示为

$$V=\frac{1}{2}\int_0^l EI\left[\frac{\partial^2 w(x,t)}{\partial x^2}\right]^2\mathrm{d}x \tag{5.4.27}$$

相应地，动能可以表示为

$$T=\frac{1}{2}\int_0^l m[\dot{w}(x,t)+\dot{u}(x,t)]^2\,\mathrm{d}x \tag{5.4.28}$$

假定阻尼为比例阻尼，则有阻尼力为

$$Q_c=c\dot{w}(x,t) \tag{5.4.29}$$

阻尼力做功为

$$W=-\int_0^l c\dot{w}(x,t)w(x,t)\mathrm{d}x \tag{5.4.30}$$

由此，根据拉格朗日方程(3.1.30)，即

$$\frac{\mathrm{d}}{\mathrm{d}t}\frac{\partial T}{\partial \dot{w}}-\frac{\partial T}{\partial w}+\frac{\partial V}{\partial w}-\frac{\partial W}{\partial w}=0 \tag{5.4.31}$$

从而，有

$$\frac{\mathrm{d}}{\mathrm{d}t}\frac{\partial T}{\partial \dot{w}}=\frac{\mathrm{d}}{\mathrm{d}t}\int_0^l m[\dot{w}+\dot{u}]\mathrm{d}x=\int_0^l m[\ddot{w}+\ddot{u}]\mathrm{d}x \tag{5.4.32}$$

$$\frac{\partial T}{\partial w}=0 \tag{5.4.33}$$

$$\frac{\partial V}{\partial w}=\frac{\partial}{\partial w}\left[\frac{1}{2}\int_0^l EI\left(\frac{\partial^2 w}{\partial x^2}\right)^2\mathrm{d}x\right] \tag{5.4.34}$$

$$\frac{\partial W}{\partial w}=\frac{\partial}{\partial w}\left[-\int_0^l c\dot{w}(x,t)w(x,t)\mathrm{d}x\right]=-\int_0^l c\dot{w}(x,t)\mathrm{d}x \tag{5.4.35}$$

应用格林定理，有

$$\begin{aligned}&\int_0^l EI\left(\frac{\partial^2 w}{\partial x^2}\right)\frac{\partial}{\partial w}\left(\frac{\partial^2 w}{\partial x^2}\right)\mathrm{d}x\\&=EI\left(\frac{\partial^2 w}{\partial x^2}\right)\frac{\partial}{\partial w}\left(\frac{\partial^2 w}{\partial x^2}\right)\Bigg|_0^l-\int_0^l EI\left(\frac{\partial^3 w}{\partial x^3}\right)\frac{\partial}{\partial w}\left(\frac{\partial w}{\partial x}\right)\mathrm{d}x\end{aligned} \tag{5.4.36}$$

$$\frac{\partial V}{\partial w}=EI\left(\frac{\partial^2 w}{\partial x^2}\right)\frac{\partial}{\partial w}\left(\frac{\partial^2 w}{\partial x^2}\right)\Bigg|_0^l-EI\left(\frac{\partial^3 w}{\partial x^3}\right)\frac{\partial}{\partial w}\left(\frac{\partial w}{\partial x}\right)\Bigg|_0^l+\int_0^l EI\left(\frac{\partial^4 w}{\partial x^4}\right)\frac{\partial}{\partial w}w\mathrm{d}x \tag{5.4.37}$$

将以上相关各式代入拉格朗日方程，可得

$$\begin{aligned}&\int_0^l\left[m\left(\ddot{w}+\ddot{u}\right)+c\dot{w}(x,t)+EI\left(\frac{\partial^4 w}{\partial x^4}\right)\right]\mathrm{d}x\\&+EI\left(\frac{\partial^2 w}{\partial x^2}\right)\frac{\partial}{\partial w}\left(\frac{\partial^2 w}{\partial x^2}\right)\Bigg|_0^l-EI\left(\frac{\partial^3 w}{\partial x^3}\right)\frac{\partial}{\partial w}\left(\frac{\partial w}{\partial x}\right)\Bigg|_0^l=0\end{aligned} \tag{5.4.38}$$

去掉积分号，从而得到墩柱地震动方程和边界条件

$$m\ddot{w}+m\ddot{u}+c\dot{w}(x,t)+EI\left(\frac{\partial^4 w}{\partial x^4}\right)=0 \tag{5.4.39}$$

$$EI\left(\frac{\partial^2 w}{\partial x^2}\right)\frac{\partial}{\partial w}\left(\frac{\partial^2 w}{\partial x^2}\right)\bigg|_0^l = 0 \tag{5.4.40}$$

$$EI\left(\frac{\partial^3 w}{\partial x^3}\right)\frac{\partial}{\partial w}\left(\frac{\partial w}{\partial x}\right)\bigg|_0^l = 0 \tag{5.4.41}$$

该方程即为墩柱地震动的振动方程. 在推导过程中，应用格林定理时，引入了变导的概念. 关于变导的进一步认识可参阅文献[27].

5.5　拓 展 阅 读

本章应用于一维连续体动力学运动微分方程推导的变分原理和拉格朗日方程均是在离散质点系上得到的经理力学原理和方程. 对于同一实体，离散体系和连续体系是表达同一问题的不同数学模型. 尽管离散体系用常微分方程描述质点系的运动，而连续体系是用偏微分方程来描述，最终的动力学行为或许有误差，但实际上的行为特性是一致的.

关于虚位移原理在弹性体中的应用经过了很长一段时间的讨论，读者可以参阅文献[22]，以及《力学与实践》所刊载的相关论文. 虽然经过长期的讨论，对一些概念和说法最后得到了统一. 关于弹性体虚位移原理可表示为：外力的虚功等于弹性体的虚变形功(虚应变能).

达朗贝尔原理是一种简单、直观地建立运动方程的方法，得到了广泛的应用，更重要的是达朗贝尔原理建立了动平衡的概念，使得在结构静力分析中的一些建立控制方程的方法可以直接推广到动力学问题的求解，例如虚位移原理. 当结构具有分布质量和弹性时，直接应用达朗贝尔原理，用动力平衡的方法来建立体系的运动方程可能相当困难. 这时采用虚位移原理可能更方便，它部分避免了矢量运算，在获得体系虚功后，可以采用标量运算建立体系的运动方程，这不仅简化了运算，而且易于理解. 哈密顿原理是另外一种建立运动方程的能量方法，它是完全的标量运算. 哈密顿原理的美妙在于它以一个极为简洁的表达式概括了复杂的数学(力学)问题. 拉格朗日方程同样得到了广泛的应用，它和哈密顿原理一样，除非保守力(阻尼力)外，是一个完全的标量分析方法，不必直接分析惯性力和保守力，而惯性力和弹性恢复力是建立运动方程时最为困难的处理对象. 关于阻尼力，实际上它一般不是通过数学推理分析，从材料、结构构件的几何尺寸等推演得到的，而往往是通过实验、测试的方法得到的，这在结构动力学领域应用较广. 变分原理在工程中有着非常广泛的应用，读者可进一步参阅相关专业书籍，如参考文献[28]总结了它们在桥梁结构动力学方面的应用.

本书主要简述了拉格朗日力学和哈密顿力学的基本原理和相应的积分方法，对于分析力学中的非完整力学和伯克霍夫力学等重要内容，以及20世纪60年代以来在几何动力学和对称性与守恒量等方面取得的成果几乎未涉及，感兴趣的读者可进一步参阅相关文献[15,16]. 分析力学不仅是经典力学的重要内容，同时也在不断发展，随着现代科学技术的进步，分析力学的各分支方向将会进一步发展，在基础理论与工程应用研究上取得更多的新成果.

习　　题

5.1　给定如下的初始条件，求解两端铰支的张紧弦的自由振动响应.

$$w_0(x) = h\sin\frac{2\pi x}{l}$$

$$\dot{w}_0(x) = 0$$

5.2　长度 L=2 的张紧弦，运动方程为

$$16\frac{\partial^2 w}{\partial x^2} = \frac{\partial^2 w}{\partial t^2}$$

边界条件为

$$w(0,t) = 0, \quad w(2,t) = 0$$

初始条件为

$$w(x,0) = 0.1x(2-x), \quad \frac{\partial w}{\partial t}(x,0) = 0$$

求 $w(x,t)$.

5.3　利用哈密顿原理推导直梁的运动方程，并求解在 x=0 和 x=l 处两端简支梁的固有频率和模态.

5.4　一悬臂梁在悬臂端承受集中简谐荷载 $B\cos\Omega t$，求共振时的动力学响应.

5.5　利用哈密顿原理推导曲梁的运动方程，并求解一端承受水平简谐激励时的动力学响应.

5.6　推导如下的微分方程，得出拱的径向 u 和切向 v 位移分量.

$$\frac{u}{\rho} + \frac{\mathrm{d}v}{\mathrm{d}s} = \frac{N}{EA} - \frac{M}{\rho EA} + \frac{Me}{EI}$$

$$\frac{\mathrm{d}^2 u}{\mathrm{d}s^2} + \frac{u}{\rho^2} = -\frac{M}{EI}$$

其中，N 是切向力，M 是弯曲刚度，E 是弹性模量，A 是截面面积，I 是截面惯性矩，ρ 是拱的形心轴的曲率半径，e 是形心轴与中性轴间的距离，s 是切向坐标.

参考文献

[1] 张秀琴, 金和. 伟大的数学家、力学家列昂哈得·欧拉. 力学与实践, 1984, 6(4): 59-60

[2] 梅凤翔, 刘端, 罗勇. 高等分析力学. 北京: 北京理工大学出版社, 1991

[3] 甘特马赫 Φ P. 分析力学讲义. 钟奉俄, 薛问西, 译. 北京: 人民教育出版社, 1963

[4] 陈滨. 分析动力学. 2 版. 北京: 北京大学出版社, 2012

[5] 江俊, 谭宁. 分析力学. 西安: 西安交通大学出版社, 2019

[6] 汪家训. 分析力学. 北京: 高等教育出版社, 1982

[7] 叶敏, 肖龙翔. 分析力学. 天津: 天津大学出版社, 2001

[8] 梁立孚, 胡海昌, 刘石泉. 非等时变分和 Holder 原理. 中国科学(G), 2003, 33(1): 61-68

[9] 王振发. 分析力学. 北京: 科学出版社, 2003

[10] 赵跃宇. 力学的新型积分变分原理. 力学学报, 1989, 21(1): 101-106

[11] 陈强顺. 分析力学导论. 上海: 同济大学出版社, 1997

[12] 赵跃宇, 梅凤翔. 力学系统的对称性与不变量. 北京: 科学出版社, 1999

[13] 汪家训. 分析动力学. 北京: 高等教育出版社, 1958

[14] 黄昭度, 钟奉俄. 工程系统分析力学. 北京: 高等教育出版社, 1992

[15] 梅凤翔. 分析力学(上卷). 北京: 北京理工大学出版社, 2013

[16] 梅凤翔, 吴惠彬, 李彦敏. 分析力学史略. 北京: 科学出版社, 2019

[17] 吕茂烈. 虚位移原理对变形连续体的应用. 力学与实践, 1986, 8(6): 49-51

[18] Craig R R Jr, Kurdila A J. Fundamentals of Structural Dynamics. 2nd ed. New Jersey: John Wiley & Sons, 2006

[19] Bower A F. Applied Mechanics of Solids. Florida: CRC Press, Taylor & Francis Group, 2010

[20] 郭铁丁, 康厚军. 理论力学研究性教学新探索——质点系变分原理与弹性介质(结构)变分原理. 力学与实践, 2023, 45(2): 429-434

[21] 史述昭. 弹性力学及有限元. 北京: 水利电力出版社, 1990

[22] 王光远. 应用分析动力学. 北京: 人民教育出版社, 1981

[23] 陈政清, 樊伟, 李寿英, 等. 结构动力学. 北京: 人民交通出版社, 2021

[24] Chidamparam P, Leissa A W. Vibrations of planar curved beams, rings, and arches. Applied Mechanics Reviews, 1993, 46(9): 467-483

[25] Su X Y, Kang H J, Guo T D. Modelling and energy transfer in the coupled nonlinear response of a 1:1 internally resonant cable system with a tuned mass damper. Mechanical Systems and Signal Processing, 2022, 162: 108058

[26] 黄昭度, 纪辉玉. 分析力学. 北京: 清华大学出版社, 1985

[27] 冯晓九, 梁立孚. Lagrange 方程应用于连续介质力学. 北京大学学报(自然科学版), 2016, 52(4): 597-607

[28] 宋一凡. 桥梁结构动力学. 2 版. 北京: 人民交通出版社, 2020